308
51

Pedro Salinas:
Literatura Española Siglo XX

El Libro de Bolsillo
Alianza Editorial
Madrid

Primera edición en "El Libro de Bolsillo": 1970
Segunda edición en "El Libro de Bolsillo": 1972
Tercera edición en "El Libro de Bolsillo": 1979
Cuarta edición en "El Libro de Bolsillo": 1980
Quinta edición en "El Libro de Bolsillo": 1983

© Soledad Salinas de Marichal y Jaime Salinas
© Alianza Editorial, S. A., Madrid, 1970, 1972, 1979, 1980, 1983
   Calle Milán, 38; ☎ 200 00 45
   ISBN: 84-206-1239-1
   Depósito legal: M. 14.828-1983
   Impreso en LAVEL. Los Llanos, nave 6. Humanes (Madrid)
   Printed in Spain

Este libro es una colección de artículos y ensayos escritos de 1932 a 1940. La mayoría de los artículos aparecieron en Indice Literario, *publicación del Centro de Estudios Históricos, de Madrid, que me cumplió el honor de dirigir. Tenía por objeto informar al público, principalmente extranjero, de la producción literaria corriente española. A más de las reseñas de libros, iba al frente de cada número un artículo un poco más extenso, consagrado a la obra de más interés aparecida en el mes anterior. Una selección de estos artículos es lo que hoy ofrezco al público. Por el carácter de la institución científica que la patrocinaba, por el objeto de la revista, por el anónimo con que salían los artículos, su autor se impuso tales limitaciones de juicio y de tono, que sólo los considera, y ruego al lector lo tenga muy en cuenta, como aspectos parciales del tratamiento que yo habría dado a los mismos temas, de no haberme encontrado al voluntario y honroso servicio de aquellas circunstancias antedichas.*

Eso mismo explica el que falten en este libro algunos de

*los nombres más significativos de las letras españolas del si-
glo XX, como Azorín o Gabriel Miró. O que otros autores
de máximo valor, como Juan Ramón Jiménez, sean estudia-
dos en obras que distan de ser las esenciales de su labor.
Se debe a que* Indice Literario *tuvo corta vida, y en él sólo
se recogían comentarios sobre libros publicados en el momento. Así es que autores que nada dieron a la estampa en
esos años, o que publicaron libros de menor cuantía, dentro
de su producción, faltan en aquella revista, y por ende en
este libro, o aparecen imperfectamente representados. Ade-
lanto esta explicación, anticipándome a cualquier juicio que
pudiera atribuir la desigualdad en la atención a los diversos
autores a preferencias personales.*

*Me ha parecido oportuno añadir a estos artículos cuatro
ensayos, más recientes, los que forman la parte primera del
volumen, escritos con diversas ocasiones: el primero, para ser
leído en el Congreso de 1940 de la* Modern Language As-
sociation, *de América; el segundo, publicado en el* Hommage
à Ernest Martinenche; *el tercero, en la* Revista de Occidente,
y el cuarto, en la Revista Iberoamericana.

*¿Hace falta decir que si hay un lector, muchos lectores,
que encuentran en estas páginas cortedades, deficiencias, im-
perfecciones, él o ellos, pueden tener segura toda mi simpatía? Sólo una excusa tiene el dar a la imprenta una obra en
la que se siente la falta de la posible perfección, siempre tan
relativa, de nuestra obra, y es el publicarla con toda y verdadera modestia. Así lo hago. Y si se alzara en el anónimo coro
de lectores una voz diciendo: «Entonces, ¿por qué publicarla?», mi respuesta sería muy sencilla. Porque mientras no
salga la historia de nuestra literatura del siglo XX, que todos
anhelamos, mientras no haya una obra magistral sobre ese
período, los deseosos de la comprensión de lo contemporáneo
pueden encontrar algún dato, algún punto de vista que les
interese, aun en ensayos de aproximación crítica tan lejanos
de la perfección como éstos. Me complazco muy especialmente en ofrecer, aun con ese carácter provisional, los ensayos
contenidos en la última parte de este volumen. Porque se refieren todos a amigos queridos, a compañeros de obra, que*

con una sola excepción —la del grande Federico García Lorca— apenas si han sido objeto de reflexión crítica, cuando a mi juicio la merecen, y muy profunda. Que me quepa por lo menos el orgullo —inseparable de la modestia que dije— de haber sido uno de los primeros en incluir en un libro nombres como los de Guillén, de Alberti, de Bergamín, de Cernuda, de Aleixandre, ya incluidos por derecho propio, en la historia de la literatura española, con marca inequívoca.

1941.

Segunda nota preliminar

Por amable solicitud de la Antigua Librería Robredo (a la que me complazco en dar aquí públicas gracias) se vuelve a imprimir este libro, que vio la luz, en su primera edición, el año 1941. Va aumentado con dos ensayos. Uno, sobre Ramón del Valle-Inclán, que se publicó en Cuadernos Americanos; *otro, sobre el libro de Joaquín Casalduero acerca de* Cántico, *de Jorge Guillén, ensayo éste aparecido en* Orígenes, *de La Habana.*

Nada he retocado del texto original. Y nada ha cambiado mi consideración de estas páginas tan sólo como una serie de apuntes y tentativas de buena voluntad para un mejor aprecio de las letras españolas del siglo XX. Sigo dándome cuenta de que las obras y autores aquí tratados se merecen mucho más de lo que en estos ensayos va ofrecido.

P. S.

1948

I

Cuatro estudios sobre temas generales de la literatura del siglo XX

El problema del modernismo en España, o un conflicto entre dos espíritus

Las denominaciones «Modernismo» y «Generación del 98» suelen usarse indistintamente para designar el movimiento de renovación literaria acontecido en América y España en los últimos años del siglo XIX y comienzos del XX, dando por supuesto que son la misma cosa con leves diferencias de matiz. En mi opinión, esa confusión de nombres responde a una confusión de conceptos que es indispensable aclarar para que pueda empezarse a construir la historia de la literatura española del siglo XX sobre una base más precisa y rigurosa.

El primer parecido que advertimos entre los dos movimientos es de orden genético. Ambos nacen de una misma actitud: insatisfacción con el estado de la literatura en aquella época, tendencia a rebelarse contra las normas estéticas imperantes, y deseo, más o menos definido, de un cambio que no se sabía muy bien en qué había de consistir. Esa situación prerrevolucionaria es perfectamente visible en América desde 1890, por lo menos, y la personifica el grupo de poetas llamados precursores del modernismo, Martí, Casal, Gutiérrez Nájera y Silva. En España, el mismo fenómeno se da un poco más tardío. Pero apenas apunta esta similitud de origen, que consiste en la actitud reactiva contra la anterior, debemos señalar una profunda diferencia de propósito y de tono. Muy significativo es que la inquietud renovadora se manifieste en América en la obra de los poetas y se presente ante todo como una transformación del lenguaje poético, *lato sensu*, del modo de escribir poesía, y un poco más tarde del modo de concebir la poesía. El movimiento americano queda caracterizado desde su comienzo por ese alcance limitado del intento: la renovación del concepto de lo poético y de su arsenal expresivo. Y por un tono: el esteticismo, la busca de la belleza. En cambio, en España los precursores de la nueva generación son: un filósofo y pedagogo, Giner; un político polígrafo y energuménico, Costa, y un pensador guerrillero, Ganivet. En España, pues, la agitación de las capas intelectuales es mayor en amplitud y hondura, no se limita al propósito de reformar el modo de escribir poesía o el modo de escribir en general, sino que aspira a conmover hasta sus cimientos la conciencia nacional, llegando a las mismas raíces de la vida espiritual. Y en ninguno de estos tres nombres, ni en el del que los sigue, patriarca de la nueva generación, Unamuno, encontramos esa preferencia por la valoración estética de la literatura observada en América; son intelectualistas, más que juglares de vocablos, corredores de ideas. Y verdades, no bellezas, es lo que van buscando.

Pero ¿qué clase de verdad? Apunta aquí otra diferencia en los rumbos de los dos grupos, americano y español. Los españoles se afanan tras «la verdad de España». De suerte que mientras que el modernismo se manifiesta expansivamente, como una superación de las fronteras nacionales de las distintas naciones americanas y, aún más, de la misma frontera continental y está poseído por una ambición cosmopolita, el movimiento espiritual de los hombres del 98 es concentrativo y no expansivo; todo su ardor de alma se enfoca sobre España, que es el vértice de su preocupación. Los unos se expanden, sueñan en países remotos, los hechiza el encanto de París o las evocaciones orientales. Los otros se recogen, y enclaustran toda su tensión espiritual en esa tierra capital de nuestra península, Castilla. No se me oculta que la generación del 98 tiene un aspecto cosmopolizante; en sus escritos, la famosa «europeización» asoma a cada paso. Pero ese cosmopolitismo es instrumental únicamente: ven en Europa un surtido de afinadas herramientas con las que se podría reparar la maquinaria mental española de modo que aprendiéramos a pensar más claro, y desean importarlas. Nada más. Su meta no es ningún París galante ni Bagdad fabuloso, es España y siempre España.

Otro rasgo distintivo es la diversa técnica mental que adoptan los dos grupos al operar sobre la materia de su preocupación. Los modernistas, el genio de la escuela, Rubén Darío, procede en su elaboración de la poesía nueva con una mente sintética. Rubén Darío se acerca a todas las formas de la lírica europea del siglo XIX, desde el romanticismo al decadentismo. Y encontrando en cada una un encanto o una gracia las acepta, sin ponerlas en tela de juicio, y las va echando en el acomodaticio crisol del modernismo. Por su parte, la generación del 98 actúa siempre con una mente analítica: su labor es una disección minuciosa de las realidades nacionales, examinándolas hasta las últimas fibras; todos los conceptos tradicionales los desmonta implacablemente para descubrir su autenticidad o falsedad.

Llega el 98, «el desastre», como nosotros decimos, y las características de la generación que acabo de apuntar se intensifican [1]. El aire hispánico se ve surcado, como por insistentes pájaros guiones, por algunas frases de clave, potentemente significativas: «el alma española», «la cuestión nacional», «el problema español», «la regeneración». Y se acentúa el tono concentrativo del movimiento. Por entonces se realiza el contacto entre modernistas y hombres del 98, a través de la genial personalidad de Rubén Darío. Ese contacto no es sino la coincidencia en el espíritu de rebeldía y en una aspiración general de cambio. Pero la divergencia de concepciones era

---

[1] Y no necesito decir que para mí la existencia de una generación del 98 es indudable a pesar de que se empeñe Baroja, y Baroja siempre se empeña mucho, en negarla. El estudio de Jeschke, el trabajo de Miss Reding, mis apuntes sobre ese tema y las razones alegadas por Marañón en su discurso de entrada en la Academia me parecen pruebas suficientes.

muy grande para que ese contacto pudiera convertirse en una fusión; al contrario, la bifurcación vendría muy pronto. Veamos por qué.

El modernismo, tal como desembarcó imperialmente en España personificado en Rubén Darío y sus «Prosas profanas», era una literatura de los sentidos, trémula de atractivos sensuales, deslumbradora de cromatismo. Corría precipitada tras los éxitos de la sonoridad y de la forma. Nunca habían cantado las palabras castellanas con alegría tan colorinesca, nunca antes brillaran con tantos visos y relumbres como en las espléndidas poesías de Darío. Era una literatura jubilosamente encarada con el mundo exterior, toda vuelta hacia fuera. (Quizá alguien me objete que en los modernistas hay una cuerda de lirismo doliente y subjetivo; pero a mi juicio eso es un arrastre del romanticismo, la postrera metamorfosis de lo elegíaco romántico, y no lo específicamente modernista. Lo nuevo, lo modernista, es el apetito de los sentidos por la posesión de la belleza y sus formas externas, gozosamente expresado.) Pero la belleza para los modernistas es tanto la belleza natural, bruta, primaria, tal como puede sentirse en un cuerpo, en una hoja o en un paisaje, como la belleza ya elaborada por artistas anteriores en sus obras. Atributo capital del modernismo es su enorme cargamento de conceptos de cultura histórica, por lo general bastante superficiales. Gran parte de esta poesía, en vez de arrancar de la experiencia directa de la realidad vital, sale de concepciones artísticas anteriores; por ejemplo, de la escultura helénica, de los retratos del Renacimiento italiano, de las fiestas galantes de la Francia versallesca, y hasta me atrevería a decir que de los dibujos escabrosos de *La Vie Parisienne*. La historia del arte inspira a los modernistas tanto o más que sus íntimos acaecimientos vitales. En ella, en la historia universal, en la geografía exótica, excavan, como en minas inagotables, en busca de piedras preciosas. Acaso el ejemplo culminante de este tipo de poesía que yo llamaría de cultura, para diferenciarla de la poesía de experiencia, sea «Fiesta popular de ultratumba», de Herrera Reissig, donde se codean, en apretado espacio, el dios Eros y el poeta Lamartine, las Gorgonas y Cleopatra, la reina de Saba y Voltaire, Petronio y Barba

Azul. Esto supone que la poesía modernista es cosmopolita y universal y desparrama su atención por todos los ámbitos de lo histórico y de lo geográfico. No hay duda de que el mundo entero, el magnífico exterior, desde la criatura viva a la figura de Tanagra, es para los modernistas una presa codiciadera sobre la cual azuzan sus vibrantes jaurías de alejandrinos. «La mejor musa es la *de carne y hueso*, escribió Rubén Darío.» En resumen, poesía de los sentidos, alumbrada, muchas veces, en lo estético-histórico, en Praxiteles o Gustave Moreau; poesía de cultura con una patria universal y una capital favorita, París; poesía de delicia vital, de sensualidad temática y técnica, adoradora de los cuerpos bellos, vivos o marmóreos y siempre afanada tras rimas brillantes, sonoridades acariciadoras y vocablos pictóricos.

Volvámonos a los hombres del 98 español. El cuadro cambia por entero. Son los «preocupados», como se los llamó certeramente. Hombres tristes, ensimismados. He aquí el tipo, tal como nos lo presenta Antonio Machado:

> Sentado ante la mesa de pino un caballero
> Escribe. Cuando moja la pluma en el tintero
> Dos ojos tristes lucen en un semblante enjuto.
> El caballero es joven; vestido va de luto.
> ....
>
> La tarde se va haciendo sombría. El enlutado,
> La mano en la mejilla, medita ensimismado [2].

Son los analizadores, los meditadores. Su literatura viene a ser un inmenso examen de conciencia, preludio de la confesión patética. Donde el modernista nada ágilmente, disfrutando los encantos de la superficie y sus espumas, el hombre del 98 se sumerge, bucea, disparado hacia los más profundos senos submarinos. Unamuno lanza su famoso grito (título de un ensayo): *¡Adentro!* En él marca de este modo el rumbo a su generación: «En vez de decir: ¡Adelante! ¡Arriba!, di: ¡Adentro!» Ese deber vital específico, que corresponde a cada generación, es para los hombres del 98 adentrarse por sus almas.

Antonio Machado escribe:

―2 Al maestro Azorín (*Poesías completas*, Madrid, 1917, p. 186).

Si buscas caminos
En flor en la tierra
Mata tus palabras
Y oye tu alma vieja [3].

Y en otra poesía del mismo libro:

Desde el umbral de un sueño me llamaron.
Era la buena voz, la voz querida.

¿Para qué le llama esta voz?

Dime, ¿vendrás conmigo a ver el alma?
Contigo siempre. Y avancé en mi sueño [4].

No hay en este género de poesía princesas ni Ecbátanas
que atraigan seductoramente al poeta. La invitación llega en
una voz misteriosa, desde el umbral de un sueño; y a lo que
le convida es simplemente a ver un alma. El poeta camina
sueño adentro, por sus soledades y galerías interiores. Mientras el hombre modernista está vuelto hacia las realidades
gozosas de la vida, el del 98 se inclina sobre su propia conciencia. Y cuando sale de su mundo interior, el paisaje por
donde pasea sus interrogaciones es la tierra eremítica y grave
de Castilla, la amada de Unamuno, de Azorín, de Baroja y de
Machado. Un viento austero y seco, de alta meseta, corre
por entre los escritos de los hombres del 98; ignoran ellos
los céfiros anacreónticos del modernismo. Nos figuramos,
recordando el debate medieval, que a un lado, capitaneada
por Rubén Darío, está la tropa alborotada de Don Carnal, y
al otro, el grupo cogitativo de Doña Cuaresma.

En mi opinión, lo que caracteriza una época o un grupo
literario es la actitud íntima y radical del artista ante el mundo, su peculiar postura frente a la realidad. Y éstas son
diametralmente opuestas en los modernistas y los hombres
del 98; ¿puede concebirse distancia mayor, por ejemplo, que
la que existe entre la «Divagación», de Rubén Darío, y la
«Vida del labrantín», de Azorín, a las que considero como
dechados insuperables en la obra de los dos autores? Real-

3 *Poesías completas*, Madrid, 1917, p. 58.
4 *Ibidem*, p. 87.

mente no son necesarias copiosas argumentaciones; bastaría con leer atentamente esas dos piezas magistrales para que cualquier sensibilidad perciba que, por muy coetáneos que sean los dos movimientos literarios, sus puntos de vista sobre la realidad vital y la realización artística son antípodas. Voy a dar, no obstante, algunas pruebas que creo corroboran mi tesis.

En su artículo «Arte y cosmopolitismo», publicado en *La Nación*, de Buenos Aires, y recogido en 1912 en *Contra esto y aquello*, Unamuno, al referirse al modernismo, escribe:

«Aunque lo he dicho y repetido, vuelvo a repetirlo: es dentro y no fuera donde hemos de buscar al hombre... Eternismo y no modernismo es lo que quiero; no modernismo, que será anticuado y grotesco de aquí a diez años, cuando la moda pase» [5].

La oposición no se puede expresar con ademán más bravo y combativo.

Pasemos a Pío Baroja. Es el defensor de lo que él llamó «la retórica en tono menor» como cosa opuesta a la de tono mayor. Por esa última entendía, desde luego, la pompa oratoria, lo castelarino, la fraseología de Costa; pero también cita, entre sus representantes, a Salvador Rueda, que, como sabemos, era un modernista independiente y *avant la lettre* y comulgaba en los credos rubenianos [6]. En un pasaje del *Paradox, rey*, Baroja siente un fugaz ramalazo lírico:

«¡Oh la extraña poesía de las cosas vulgares, oh modestos acordeones! ¡Simpáticos acordeones! Vosotros no contáis grandes mentiras poéticas, como la fastuosa guitarra... Vosotros decís de la vida lo que la vida es en realidad: una melodía vulgar, monótona, ramplona» [7].

Actitud ésta de descubrimiento de la poesía en lo vulgar, cabalmente contraria a la de Rubén Darío, el cual practicó siempre, como nos dice en el prólogo de *Cantos de vida y esperanza*, el culto aristocrático de la belleza, el desdén de lo vulgar. Y no es sólo el desaliñado Baroja, sino Azorín,

5 Unamuno, *Contra esto y aquello*, 2.ª edición, Madrid, 1938, p. 206.
6 Pío Baroja, *Juventud y egolatría*, 3.ª edición, Madrid, 1935, p. 58.
7 Pío Baroja, *Paradox, rey*, 3.ª edición, Madrid, 1934, p. 63.

el exquisito, el que en vez de desdeñar lo vulgar, va hacia ello, trémulo de cariño, y lo eleva, en sus mejores páginas, a suprema categoría estética. Con insuperable tino rotuló Ortega y Gasset la obra azoriniana: «Primores de lo vulgar».

Tuvo Rubén Darío por gran amigo, compañero y admirador a Antonio Machado. ¿Cuál es la posición de este noble y grande poeta con respecto al modernismo? Hacia 1910, en un autorretrato publicado en *El Liberal,* de Madrid, y que luego salió en *Campos de Castilla,* escribe esto:

> Adoro la hermosura; y en la moderna estética
> Corté las viejas rosas del huerto de Ronsard.
> Mas no amo los afeites de la actual cosmética
> Ni soy un ave de esas del nuevo gay trinar [8].

¿A qué apuntan estas palabras de Antonio Machado? Ninguna otra «moderna estética» imperaba en España cuando escribió estos versos sino el modernismo. No había más cosmética ni más afeites que los que por aquel entonces empleaban pródigamente los poetas modernistas. Y en cuanto a la expresión «el nuevo gay trinar», no cabe duda de que el modernismo era el único estilo nuevo que se alzaba en el horizonte literario. Machado señala claramente con estas palabras su apartamiento de la poesía del instante. Y es de notar cómo por detrás de los vocablos que emplea Machado para designar la moda ambiente, «afeites», «cosmética», «gay trinar», vibra un matiz calificativo levemente desdeñoso. El esteticismo modernista se le representa al austero y viril poeta andaluz-castellano como cosa de tocador, o como inconsecuente trino de pájaro.

Y hay, por último, un caso quizá más significativo. El gran poeta Juan Ramón Jiménez, admirado y querido por Rubén Darío, estuvo bajo la influencia modernista y en su obra hay que buscar las más exquisitas notaciones de sensibilidad, de matiz y de sonido que han salido de la poesía modernista española. No obstante, Juan Ramón Jiménez es más que un poeta modernista. En un poema suyo publicado en *Eternidades* (1916) podríamos ver una curiosísima historia de la evolución de su concepto de la belleza poética:

8   *Poesías completas,* Madrid, 1917, p. 111.

Vino, primero, pura,
Vestida de inocencia;
Y la amé como un niño.

Luego se fue vistiendo
De no sé qué ropajes;
Y la fui odiando sin saberlo.

Llegó a ser una reina
Fastuosa de tesoros...
¡Qué iracundia de yel y sin sentido!
... Mas se fue desnudando.
Y yo le sonreía.

Se quedó con la túnica
De su inocencia antigua.
Creí de nuevo en ella.
Y se quitó la túnica,
Y apareció desnuda toda...
¡Oh pasión de mi vida, poesía
Desnuda, mía para siempre! [9].

No hace falta mucha imaginación interpretativa para seguir al hilo de estos versos las fases de las concepciones de
lo poético en Juan Ramón Jiménez. Primero, la etapa de inocencia, de sencillez formal, representada probablemente en
«Arias tristes» y «Jardines lejanos». Luego, la reina fastuosa,
los ropajes extraños, aluden alegóricamente a la rica sensualidad del modernismo que Juan Ramón Jiménez cultivó también. Pero en seguida nos expresa su cansancio y disgusto
por ese concepto de la poesía; tan grandes, que llega a odiar-
la y tan sólo puede sonreír a su amada cuando se despoja
de arreos suntuosos y se le entrega en pureza y desnudez;
es decir, en el período post-modernista de su obra. Para nuestro objeto, el interés documental de esta poesía es que presenta al modernismo como un disfraz regio y engañoso, el
cual oculta la pura belleza de la poesía y pronto inspira odio
al mismo poeta a quien sedujo pasajeramente.

Y así se explican las diferencias que van marcándose en
los años de 1910 a 1915 entre la poesía americana y la española. Aquélla, de Norte a Sur, sigue entregada a las delicias
modernistas. Rubén Darío publica por entonces el «Poema

del otoño». Se coleccionan en Montevideo las obras de
Herrera Reissig. Guillermo Valencia da a la luz «Ritos»
en 1914. Lugones lanza tres de sus mejores libros modernistas. En Méjico apunta López Velarde. ¿Qué hacen entre
tanto los grandes poetas españoles? Unamuno, tras su tomo
de *Poesías* del año 1907, publica el *Rosario de sonetos líricos,* que cae de lleno en la tradición barroca española. Juan
Ramón Jiménez, en los *Sonetos espirituales,* se desprende
de la opulencia modernista y se vuelve hacia una poesía de
clasicismo espiritualista, por la que accederá poco más tarde
al *Diario de un poeta recién casado,* clave de su obra. Antonio Machado publica en 1912 *Campos de Castilla,* que marca
un gran alejamiento del modernismo y su plena definición
como poeta. Es bien visible que la poesía española, en sus
tres eminencias, ha resistido el hechizo modernista tomando
una actitud divergente de esa escuela; actitud que, precisamente, y dadas las enormes diferencias entre la poesía de
Unamuno, de Machado y Jiménez, sólo tiene como rasgo
común uno, negativo: el despego del modernismo.

Sin embargo, no es difícil explicarse el equívoco que durante algún tiempo existió entre los conceptos de modernismo
y generación del 98. En primer término se nos presenta un
factor histórico importante: el estado de ánimo de los intelectuales y artistas españoles a final de siglo. En todos ellos
latía con angustiosa urgencia el mismo anhelo de derribar
los falsos valores, de crear otros nuevos. Pero ninguna revolución intelectual puede hacerse sin renovar en alguna forma
el lenguaje literario. De suerte que, aunque los hombres
del 98 concebían la regeneración de España más bien como
una inmensa remoción de ideas en todos los órdenes que
como un cambio en las directivas estéticas, no por eso dejaron de sentir lo indispensable que les era crearse un nuevo
instrumento de expresión literaria. Precisamente en ese momento, cuando ninguno de los del 98 había resuelto ese
problema del nuevo estilo, llegó a España Rubén Darío,
consagrado ya en América como inventor de una lengua literaria novísima: el modernismo. A los jóvenes españoles
del 98 se les ofrecía, armada de todas armas, radiante de
fresca hermosura y con su larga cola de éxito ultramarino.

Rubén Darío, en varios pasajes de sus obras, se jacta, no sin razón, de su influencia en el nuevo rumbo que tomaron las letras españolas. En efecto, ¿por qué no habían de aceptar los hombres del 98 el nuevo idioma poético, el modernismo, como lenguaje oficial de la nueva generación? Al fin y al cabo convenía con su íntimo norte, tenía algo de revolucionario y de renovador, era lo mismo que ellos querían hacer, sólo que en un horizonte mucho más amplio: una revolución renovadora. Por eso un grupo muy valioso de escritores aceptó con entusiasmo lo que Rubén Darío les traía y nació el llamado modernismo español. Hay, creo, otra razón: en un gran sector de la juventud de entonces dominaba el sentimiento de «desastre». Convencidos por la derrota del 98 de la corrupción política y de la decadencia social en general, en lugar de alzarse, en son de guerra y campaña de regeneración, prefirieron entregarse al gran narcótico que les ofrecía el modernismo. La poesía de Rubén Darío y sus seguidores podía servir como una maravillosa muralla de irrealidades y placeres de la imaginación que aislara al escritor de las aflicciones inmediatas que le rodeaban. La poesía de Manuel Machado titulada «Adelfos» es para mí el más perfecto ejemplo de ese derrotismo espiritual enmascarado de exquisitez literaria.

> Mi voluntad se ha muerto una noche de luna.
> Mi ideal es tenderme sin ilusión ninguna.
> De cuando en cuando un beso y un nombre de mujer [10].

La verdad es que la voluntad de muchos jóvenes españoles había enfermado gravemente, si no muerto, al choque brutal de la derrota. Pero Manuel Machado se evade de reconocer este origen de la abulia contemporánea en el desastre nacional y se lo pone en cuenta a ese pretexto romántico modernista de la noche de luna, utilizando un recurso de tramoya literaria para aislarse de la penosa realidad circunstancial.

Mi tesis no es que España rechazara el modernismo de buenas a primeras. El modernismo fue aceptado y cultivado durante varios años, y entonces es cuando nace la confusión

10 *Alma, museo y los cantares*, Madrid, 1907, p. 24.

que tratamos de deshacer. Se dio por supuesto que el modernismo era la expresión cabal de lo que la nueva generación quería en literatura, y se dijo que América había conquistado a España. Pero muy pronto los auténticos representantes del espíritu del 98 percibieron que aquel lenguaje, por muy bello y seductor que fuese, no servía fielmente a su propósito y que en sus moldes no podría nunca fundirse su anhelo espiritual. Era, sí, un lenguaje innovador, una revolución, pero no *su* revolución. Descubrieron la contradicción radical que latía entre lo que el modernismo significaba de afirmación materialista, sensual y despreocupada de la vida, y el austero y grave problematismo espiritual del 98. Por debajo de las aparentes coincidencias, ese conflicto latente entre los dos movimientos existió siempre. Por unos años, la primera década del siglo, se resolvió en una tregua, quizá mejor en una alianza contra el enemigo común, que era lo caduco, el hueco academicismo del siglo XIX, y la chabacanería de la Regencia. Una vez derribados los ídolos antiguos, los aliados temporales, modernismo y generación del 98, rompieron, en natural obediencia a sus distintas razones de ser. Con esta ruptura demostraron lo esencial de sus diferencias, salieron ellos mismos de su momentánea confusión. Creo que debemos salir ya nosotros de la nuestra, si es que aún perdura alguna.

De aquella unión quedan hermosas criaturas y fecundas consecuencias. Mucho ganó la literatura especial, sobre todo la poesía, gracias a ella. Si bien no ha habido ningún gran poeta modernista en España, en casi todos los poetas españoles de hoy se siente el provecho de aquella gran conmoción de conceptos y de técnica poéticos. El modernismo para algunos poetas españoles fue un estado transitorio, para otros un experimento fructuoso. Para ninguno, creo, ha sido un ideal ni una meta. Aprendieron del modernismo para servir necesidades espirituales que iban mucho más allá del modernismo. Y nuestra poesía española tomó otro rumbo. Aunque esto se salga de mi tema, si se me preguntara cuál es ese camino divergente del modernismo, yo contestaría que no es otro que el de la gran tradición poética viva, no académica, española, la de Garcilaso y Góngora, San Juan de la

Cruz y Bécquer. Se repetiría aquí un fenómeno muy frecuente en la historia de la literatura española y que en el siglo XIX se cumple lo mismo con el romanticismo que con el realismo. Es la conversión de un movimiento revolucionario, despertado por estímulos extranjeros en sus comienzos, en una revisión depuradora de lo tradicional, que da por resultado un renacimiento restaurador de los más puros y auténticos valores del pasado. Porque no hay duda de que los tres poetas mayores de la España reciente, Jorge Guillén, Federico García Lorca y Alberti, aunque sean beneficiarios de la herencia modernista, en distinto grado, atienden desde su poesía muchísimo más al son del Romancero, a la música refinada de los Cancioneros o de Góngora, a las pastorales platónicas o místicas de Garcilaso o de San Juan de la Cruz, que a las cantarinas seducciones de aquellas sirenas parisienses con quienes Rubén Darío bebía champaña en cualquier pabellón de Ermenonville, verdadero o imaginario, mientras revolucionaba, entre trago y beso, la poesía española.

1938.

El concepto de generación literaria aplicado a la del 98

(Cuartillas leídas en el P. E. N. Club, Madrid, en la sesión del 6 de diciembre de 1935)

Voy a exponer el resultado de un curso dado en la Facultad de Filosofía y Letras desde octubre a diciembre de 1934. Los hechos en él presentados son los siguientes: Desde 1908 iba intentando abrirse paso, en España, un concepto general sobre un grupo de escritores, aparecido en los primeros años del siglo XX: Unamuno, Azorín, Baroja, Valle-Inclán, Benavente, los Machado, etc. Toma este concepto su fórmula de expresión definitiva (aunque ya la palabra «generación» se le haya aplicado antes por Gabriel Maura, imprecisamente) en unos artículos de Azorín, publicados primeramente en *A B C* y recogidos luego en *Clásicos y modernos* (1913), con el título de «La generación del 98». Azorín es, pues, el que lanza a los cuatro vientos esta denominación y el que primero intenta fundamentarla, atribuyéndole unos caracteres de comunidad, tanto en sus orígenes como en su obra. Se inicia una lenta pero continua polémica en torno a este concepto azoriniano: ¿hay o no hay «generación del 98»? ¿Responde este nombre a un complejo espiritual unitario, de realidad histórica, o es pura arbitrariedad que se le ha ocurrido a Azorín? La discusión, naturalmente, ha sido en palenque abierto. A ella han acudido opinantes de las dos bandas. Recordemos entre otros a los señores Salaverría, Corpus Barga, Ricardo Baeza, Salvador de Madariaga, Azaña, Díez-Canedo, R. Baroja, Cansinos-Asséns, Jiménez Caballero y Marañón. Pero en esta aportación de pareceres se han presentado también algunos de los que, al lado del propagador de este nombre, Azorín, fueron protagonistas del movimiento y que, por eso, parecen estar revestidos de una mayor autoridad de juicio. Pío Baroja y Ramiro de Maeztu, en libros y en artículos, han negado la existencia de esa generación, en la que se les colocaba. Tenemos, pues, a individuos que fueron primeras cabezas de ese movimiento literario, Azorín y Baroja, como representantes de las dos actitudes: la afirmativa y la negativa de la existencia de la generación del 98. No hay duda de que los juicios de estos protagonistas del movimiento tienen sumo valor. Cada día encuentro menos admisible ese tipo del artista inconsciente, que no sabe lo que hace; sobre todo, que no sabe lo que quiere hacer. Tanto Azorín y Baroja saben lo que han hecho, tienen plena conciencia de su obra. Pero, entendámonos bien, de su obra. Y la obra de un artista, dentro de un movimiento de generación, por importante que sea, como sucede en este caso, no es más que una fase, uno de los ingredientes que entran en la composición total del complejo histórico. El artista puede muy bien no percibir, justamente por lo inserto que el artista está siempre dentro de su obra, la profunda relación de coetaneidad espiritual con aquellos que trabajan a su lado. El escritor está sumido, o debe estarlo, en el valor absoluto de su obra, y opina desde este nivel; a los demás es a quienes nos corresponde estudiar los valores de relaciones y de confrontación que permitan llegar a conceptos claros sobre movimientos de grupos o de generación. Pues bien; poco más o menos en los años en que esta frase se lanzaba en España por Azorín y comenzaba la polémica, se iba desarrollando en la «Ciencia de la Literatura» alemana la noción de generación literaria. Se concibió primero históricamente, en general; luego se aplica a las artes plásticas,

a la literatura, y desde Dilthey, en su *Ensayo sobre Novalis*
(1865), hasta Jeschke (1935), hay una serie de escritos sobre
esta materia, entre los cuales los más aclaratorios son los de
Pinder, Wechsler y Petersen, que tratan, más o menos especialmente, sobre lo que sea generación en historia literaria.
De modo que nos encontramos con que la denominación que
lanzó Azorín, «Generación del 98», usando el vocablo «generación» en sentido genérico, ha pasado ahora, al cobrar ese
vocablo un carácter específico, dentro de la historia literaria,
a ser una denominación de tipo técnico. Lo que yo quise
hacer en mi clase, un poco antes que Jeschke publicara su
estudio (que coincide, en buena parte, con mis conclusiones),
es ver si aquello que Azorín llamaba «generación», por una
buena ventura, por una intuición feliz o por una opinión
puramente personal, podía corresponder a lo que llama generación la historiografía literaria alemana. En suma: traer
a la polémica capital, si hay o no hay generación del 98,
el juicio dirimente que nos proporciona la confrontación de
los hechos literarios acaecidos en la España de principios del
siglo XX con las características que una generación literaria
presenta, según Petersen, en su estudio *Las generaciones literarias*. Examinemos las condiciones necesarias, según este
autor, para que pueda darse como existente una generación
literaria, lo que él llama sus elementos constitutivos, sin los
cuales, o por lo menos sin la mayoría de los cuales, no puede
existir.

Es el primero, naturalmente, la coincidencia en nacimiento
en el mismo año o en años muy poco distantes. Pinder decía
que el ser de un artista consiste en cuándo ha nacido. Los
problemas nacen con él, y todo artista está condicionado por
ese signo. Esta teoría astrológica de Pinder, apoyada por hechos tan curiosos como el nacimiento, en el mismo año
(1564), de Shakespeare, Marlowe y Hardy; del nacimiento,
en 1685, de Haendel, Bach y Scarlatti, es modificada y des-
arrollada por Petersen, diciendo que el valor de la proximidad en los años de nacimiento consiste en que coloca a los
individuos a la misma distancia y en el mismo grado, poco
más o menos, de receptividad de los acontecimientos vitales.
Dicho perogrullescamente: que a todos los individuos naci-

dos en el mismo año un gran hecho exterior les ocurre a la misma edad. De modo que el artista, más que estar predestinado conforme a la teoría astrológica por su simple nacer, lo está por la situación en que lo coloca su nacer. No hay duda que esa proximidad de nacimiento se da en los hombres del 98.

Otro elemento constituyente indispensable para la existencia de una generación es lo que llama Petersen los elementos formativos. Eso es: la homogeneidad de educación, en el sentido más lato, de fuerzas concurrentes a la especial modelación mental del individuo, en que se desarrolla un grupo nacido en los mismos años. ¿Se da esto en los hombres del 98? Seguramente, visto desde fuera, no. Los hombres del 98 se forman como Dios les da a entender, sueltos, separados, y tras una ojeada superficial se diría que no hay comunidad de formación, que les falta ese elemento formativo señalado por Petersen. Pero si se aguza la atención caemos en la cuenta de que hay una profunda unidad en el modo como se formaron los espíritus de estos hombres: su coincidencia en el autodidactismo. Todos ellos, grandes lectores (en las obras de Unamuno, de Azorín, de Baroja, de Maeztu, hay testimonios de su avidez por la lectura y de la amplitud con que la satisfacían), se parecen en una cosa: en alejarse de un foco central de cultura, de Universidad, de escuela, etc., que entonces carecía en España de fuerza atractiva y de toda capacidad de formación, y en irse a refugiar en lo que Carlyle llamó la mejor Universidad: una biblioteca. En suma: todos se formaron lo mismo, y no por estar separados y aislados, cada uno en su localidad, puede negarse que falta la unidad tonal formativa de la generación que nosotros vemos en el autodidactismo.

El trato humano, las relaciones personales entre los hombres de la generación, es otro de los elementos que la constituyen, según Petersen. Esto no es posible que se nos niegue hoy, por los hombres del 98, que existió, precisamente cuando más importa, en los momentos germinales y plásticos de la generación, aunque, más tarde, cada cual se haya apartado por su camino solitario. Una larga serie de hechos literarios corroboran, inequívocamente, esa relación personal entre ellos, ese trato, que asume caracteres de comunidad en propósitos y en obras. Recuérdense las tertulias en que se reunían, las redacciones de periódicos en que trabajaron juntos; los hechos, tan significativos como que sea Azorín el que primero alaba una comedia de Benavente, y, sobre todo, su contacto en las revistas. Las revistas son, para mí, uno de los indicios más claros para estudiar en lo vivo la preparación de un nuevo estado espiritual. Si repasamos las que se publicaban en las postrimerías del siglo XIX y en los primeros años del XX, nos saltará a la vista un hecho de suma importancia. En *Vida Nueva,* en *La Revista Nueva,* en *La Vida Literaria,* en *Electra,* van apareciendo los nombres de los escritores del 98, formando pequeños grupos. Así, por ejemplo, en *Vida Nueva* colaboraban frecuentemente Unamuno y Maeztu; pero, en cambio, no aparecen los nombres de Azorín ni de Baroja. En *La Revista Nueva,* Baroja está junto a Benavente, a Maeztu, a Unamuno y a Valle-Inclán, así como en *La Vida Literaria.* En ninguna de estas publicaciones nos encontramos el grupo completo, entero, hasta que, en 1903, aparece *Alma Española.* Aquí se nos ofrece completa la nómina de la nueva generación literaria, que se presenta al público en pleno. ¿No podemos deducir de esto que los hombres del 98 han ido aproximándose poco a poco; que, aunque separados, al principio, en grupos o tertulias, llegan a sentir una comunidad de mandato, que se expresa en la publicación de *Alma Española,* donde ya no falta ninguno de ellos? A más de las revistas hay otros hechos, de mucha significación, en que esa comunidad personal se manifiesta, algunos de carácter anecdótico, como la visita a la tumba de Larra, el banquete a Baroja y, sobre todo, el manifiesto contra el homenaje a Echegaray.

Sobre estos factores hay otro, el decisivo e indispensable para poder decir que existe una generación: lo que Petersen llama acontecimiento o experiencia generacional. Es un hecho histórico de tal importancia que, cayendo sobre un grupo humano, opera como un aglutinante y crea un estado de conciencia colectivo, determinando la generación que de él sale. Este acontecimiento generacional puede ser un hecho cultural, como sucedió en el Renacimiento; o un hecho histórico general, como una revolución, una guerra, a lo que Petersen llama acontecimiento catastrófico. Es ocioso preguntarse si esa circunstancia se da en nuestro caso. Precisamente el profundo acierto de Azorín fue el llamar a esta generación «del 98». Cuando Baroja y Maeztu alegan que nada literariamente importante ocurrió dicho año, queriendo deducir de eso la impropiedad de la denominación, nos dan la razón. Porque ningún título más adecuado para una generación que el que se refiera justamente al hecho generacional. Todos entendemos por «el 98» la catástrofe que supuso la derrota de España y la pérdida de su imperio colonial. No importa, ya lo sabemos, que la idea de la decadencia española sea muy anterior al 98. Lo esencial es que nuestro desastre haya convertido lo que podía tomarse sólo por una idea de intelectuales, o por un presentimiento de pesimistas, en una brutal realidad histórica que gravitó sobre todas las conciencias despiertas y que les hizo agruparse frente al problema esencial de esta generación: España. Porque conviene añadir, aunque sea de paso, que lo que la generación tiene de común es el problema de su tiempo, la demanda y el quehacer de su tiempo. Pero admite, como es natural, la máxima variedad en las soluciones a ese problema. Baroja, a mi juicio, incurre en la confusión entre los conceptos de generación y escuela literaria, al decir que cada uno de aquellos escritores tenía su estilo, como alegato contra la existencia de la generación. Yo diría que las escuelas literarias no son otra cosa sino las distintas soluciones que una generación ofrece a un único problema.

Sigue en Petersen el factor denominado *Führertum;* es decir, caudillaje. No puede asegurarse que entre los hombres del 98 existiera un caudillo nominal y exclusivo. Pero sería difícil negar también que ideológicamente había un guía de esta generación, Nietzsche, y aparte de eso, yo me atrevería a decir que en todo el ambiente, no sólo literario, sino político, de la época se advierte entonces la apetencia del caudillo, que el *führer* está presente precisamente por su ausencia. El «hace falta un hombre, aquí nos hace falta un hombre», va y viene como una nostalgia fantasmal por los escritos de aquella época.

Indispensable es también, según Petersen, para que exista una generación, que se dé un «lenguaje generacional», entendiendo el lenguaje en su acepción más amplia. Todo el que haya asistido, desde más o menos cerca, a la formación de nuestro espíritu moderno percibirá, sin duda, la realidad de ese lenguaje generacional. Eso es lo primero que el público capta cuando asoma en el horizonte una nueva generación: su modo de hablar, la forma nueva de expresarse. Resulta, paradójicamente, que los primeros que se dieron cuenta de que había una generación del 98 fueron los que caricaturizaban aquel lenguaje tan moderno o se burlaban de él, y que, precisamente por sentírsele tan moderno, se llamó *modernista*. Creo que el concepto del lenguaje generacional es de sumo valor para nuestra historia literaria. Se ha intentado dar como denominación equivalente a la generación del 98 la del modernismo. Me parece erróneo: el modernismo, a mi entender, no es otra cosa que el lenguaje generacional del 98. Así se justifica su origen americano y su gran desarrollo en aquel continente. Hasta allí no podía pasar el complejo entero de nuestro gran movimiento, profunda y enraizadamente hispánico, pero sí su forma expresiva, mejor dicho, una de sus formas expresivas, lo modernista.

Por último, cita Petersen lo que denomina el anquilosamiento o parálisis de la generación anterior. No se puede tratar tan de prisa un tema delicado. Basta decir que abundan los testimonios de que en los primeros años del siglo xx la fuerza operante de la anterior generación literaria, la realista, carecía de todo imperio y crédito sobre las conciencias nuevas y, además, era incapaz de creaciones renovadoras. Galdós, la Pardo Bazán, Alas, en el final de su carrera se sienten ya a disgusto ellos mismos en el realismo y ensayan formas de novela espiritualista en pugna con él. Con eso explicaríamos también la justa injusticia cometida con Blasco Ibáñez, realista rezagado y por eso no comprendido en su valor por la nueva generación. En los primeros escritos de los hombres del 98 menudean los juicios de disentimiento y de franco ataque con las glorias de la generación pasada. Ya sé que mucho más tarde algunos escritores del 98, por ejemplo, Azorín, han rectificado esta actitud, pero eso no

invalida la fuerza de aquellos ataques como testimonio espon-
táneo del estado de conciencia de aquellos primeros años.
Los jóvenes de entonces creían firmemente que el arte inmediatamente anterior estaba anquilosado; es más, que la enfermedad de la España en que habían nacido era una terrible
parálisis.

Esta es, expuesta con brevedad, acaso con algún error y
muy necesitada de aclaraciones, la resultante de confrontar
los comienzos literarios de nuestro siglo xx con la teoría
de generación literaria elaborada en Alemania. Para mí la
consecuencia no ofrece duda: hay una generación del 98.
En ese grupo de escritores, los elementos exigidos por Petersen como indispensables para que exista una generación se
encuentran casi sin falta. Y al ir comparando los hechos con
la doctrina, vemos acusarse sin vacilación alguna entre aquellos principios de siglo los perfiles exactos de un nuevo complejo espiritual perfectamente unitario que irrumpía en la
vida española: la generación del 98.

El signo de la literatura española del siglo xx

¿Cuál es el signo del siglo xx en la literatura española? Me refiero al decir signo a algo superior a las nociones, más corrientes, de tendencia, estilo, características, etc. Llamo así a la actitud profunda que los espíritus creadores de un momento histórico determinado adoptan frente al tema literario, en general; esa actitud abarca todas las nociones antedichas, y las explica. Con un signo se aspira a darnos la significación de algo. Y la significación de una cosa es lo que quiere decir, su querer decir precisamente esto y no aquello. De modo que podemos equiparar el signo espiritual de una época histórica con su especial querer decir, con la voluntad de expresar adecuadamente su ser peculiar e íntimo. Pues bien; para mí el signo del siglo xx es el signo lírico; los autores más importantes de ese período adoptan una actitud de lirismo radical al tratar los temas literarios. Ese lirismo básico, esencial (lirismo no de la letra, sino del espíritu), se manifiesta en variadas formas, a veces en las menos esperadas, y él es el que vierte sobre novela, ensayo, teatro, esa ardiente tonalidad poética que percibimos en la mayoría de las obras importantes de nuestros días.

No creo que a nadie medianamente familiarizado con lo moderno le quepa duda sobre ese tono poético que lo distingue. Pero para recordarlo del modo más evidente posible voy a ponerlo en contraste, por medio de unos pocos y breves ejemplos, con el signo dominante de la época anterior, signo notoriamente prosaico. Con ese objeto voy a leer tres fragmentos escritos en verso, por consiguiente con una manifiesta intencionalidad poética, por tres grandes autores de la segunda mitad del siglo XIX.

El primero está en una comedia dramática que se suele tener por una joya de nuestro teatro. Un personaje explica a otro un proyecto comercial, y dice:

La cosa

Más sencilla y más soberbia.
Nuestro azúcar de La Habana,
Esa producción inmensa,
Se refina en los Estados
Unidos, que sacan de ella
Más producto que nosotros.
Fernando halló la manera
De establecer los refinos
En España y de que vengan
Acá millones de pesos
Que en tierra extraña se quedan.
Esto, ayudado del cambio
De producciones diversas
entre los dos continentes...
¡Le digo a V. que la empresa...!

Pocas veces, si alguna, se habrá empleado el noble metro de romance, venido al mundo para cantar heroísmos, en tono más rastrero, y para propósito más pedestre.

Segunda perla:

¡Ya triunfó la República! Has vencido.
Tras prolongada y mísera agonía
Lanzó a tus plantas el postrer gemido
Nuestra sacra y gloriosa Monarquía.

> Mientras el cielo mi conciencia guarde
> Jamás se apartará de mi memoria
> Aquella triste y vergonzosa tarde,
> Baldón eterno de la patria historia,
> En que un Senado imbécil o cobarde
> Vendió sin fruto y entregó sin gloria,
> Cediendo a los estímulos del miedo,
> El trono secular de Recaredo.

Y vaya ahora, quizá, la corona de esta trilogía:

> El padre de esta niña, el sabio Prieto,
> Doctor en Medicina y Cirugía,
> Amante de lo real y que, discreto,
> Como aconseja Horacio, «coge el día»,
> Cree que el alma, si existe, está vencida
> Por la ley de las fuerzas naturales
> Y que no hay más criterios en la vida
> Que los cinco sentidos corporales.

Algo de infinito valor debemos, por lo menos, al autor de estos versos. Es el descubrimiento de que el título académico «Doctor en Medicina y Cirugía» que tantas veces hemos visto brillar en una placa metálica, en una puerta a la que llamábamos afligidos por alguna dolencia menor, era un hijo de aquella progenie ilustre que Boscán y Garcilaso trajeron a nuestras tierras en el siglo XVI; era nada menos que un endecasílabo. Monsieur Jourdain eyaculaba prosa sin saberlo, según Molière. Y hoy las facultades de Medicina expiden títulos en verso, sin saberlo tampoco, probablemente.

Veamos cómo resaltan, sobre el fondo de estos tres trozos en *verso,* otros tres trozos, en prosa, escritos en el siglo XX:

La ciudad reposa profundamente. En el caer de la tarde va llenándose de sombras el diminuto jardín; revolotean blandos, elásticos, los primeros vespertillos. Allá lejos suena la campana de algún convento. Ha llegado el crepúsculo. Comienza a brillar una estrella en el cielo oscurecido. Entonces es la hora propicia, la hora peculiarísima de estos minúsculos y aprisionados jardines; es la hora en que estos jardines entran en harmonía y comunión íntima y secreta con el ambiente y con las cosas que les rodean: con las tumbas de los guerreros y de los obispos, con la alta torre, con las columnas del claustro, con el cielo oscuro y sereno, con el parpadear brillante de las estrellas, con las campanadas del Angelus, que caen lentas, sonoras, pausadas, sobre la ciudad...

El autor de este trozo no ha escrito jamás un verso. Se le tiene, con razón, por maestro de nuestra prosa.

Pasamos al segundo; es la descripción de un estanque, en el campo:

Después el agua se queda un momento ciega. Es un ojo de un azul helado, todo órbita vacía, inmóvil. ¿Se había muerto para siempre esta pobre agua? Venimos muy despacio, como si nos llegásemos de puntillas a una mujer acostada que no se le oye respirar, que no tiene color, que no mueve los párpados y, de pronto, salen los ojos ávidos, asustados, sale toda la imagen dentro de la quietud del agua ciega. Estamos allí del todo; está todo mirándose. Nos aguardaban. El agua se ha llenado de corazón y el corazón de esta agua era la ansiedad de nosotros... El agua es como una fuente que ha pensado este paisaje.

Tampoco quien escribió este maravilloso fragmento intentó jamás escribir en verso. Ahora voy a leerles algo escrito no ya por un poeta, ni siquiera por un escritor puro, sino por un profesional de la filosofía, usada al lenguaje riguroso y exacto:

Al día siguiente, cuando el tren sale de León, es la alborada, y el Sol —¿otra vez el Sol?— llama con el cuento de su lanza de oro en ventanas y galerías. La ciudad, irradiando reflejos, tiene un despertar de joya.

La moraleja podría ponerse en vulgarísima fórmula de «donde menos se espera salta la liebre», la asustadiza y trémula liebre de la poesía, que se les escapó miserablemente de aquellas mallas tejidas con hilo de endecasílabo o romance a López de Ayala, a Núñez de Arce y a Campoamor y demás poetas, y corrió a refugiarse insensatamente, como suelen proceder liebres y poesía, en los sencillos surcos de la prosa de un Azorín, un Miró o un Ortega y Gasset.

Y volvamos a nuestro discurso después de esta acelerada excursión por dos mundos que parecen lo que no son, y son lo que no parecen.

Quisiera demostrar mi tesis sobre el signo lírico de nuestra literatura atacándola desde varios puntos de vista.

El primero es el de la altura y densidad de la producción poética desde 1900 hasta hoy. España ha tenido en estos

cuarenta años muy altos poetas y muchos poetas. Con sólo
hojear cualquiera de las dos antologías modelos de la poesía
española moderna, la de Federico de Onís o la de Gerardo
Diego, nos sorprende el número crecido de poetas auténticos
justamente incluidos en ellas. Sobre esta impresión de número pronto prevalecerá, si leemos con detenimiento, la de
altura y valor de muchos de ellos: Unamuno, Antonio Machado, Juan Ramón Jiménez, se nos imponen con la misma
evidencia de maestría y señorío con que reconocemos, más
allá, en la distancia de años y siglos, a un Bécquer, a un
Góngora, a un Garcilaso. Un poco más tarde se alzan en
nuestro ámbito literario otras tres personalidades, Federico
García Lorca, Jorge Guillén, Rafael Alberti, a los cuales, sin
presumir de zahoríes, podemos ya dar como electos, por derecho propio de su naturaleza poética, para esa Academia
antiacadémica, sin sillones, sin diccionario, sin gramática oficial, sin académicos, la Academia de la Gran Poesía Española. Observemos que estos poetas supremos, llamémosles
así, no son productos aislados y sueltos de la época. Son en
realidad protagonistas, primeros actores de nuestra poesía
moderna, seguidos inmediatamente por deuteragonistas, poetas que juegan papel menos importante que ellos, y sin embargo, de relieve; a su vez destacados sobre un copioso grupo
de líricos, que quedan más al fondo, como coristas, de este
vasto cuadro. Sí, hay algo más que poetas españoles modernos: hay una poesía española moderna, rica en grados, diferencias y matices, discernible, como dije al principio, por
las dos notas de altura y densidad.

Llamo a mi segundo punto de vista el de la constancia.
La actitud lírica que yo encuentro en la literatura contemporánea no se presenta en un solo y breve momento de intensidad, a modo de surtidor súbito y excelso, de fugacísima
vida, cual suele suceder con el lirismo en la historia literaria,
sino que es una constante, en el curso de estos cuarenta años,
manifestada en sucesivas salidas o apariciones de nuevos poetas o nuevas tendencias, que ocurren sin interrupción, de
tiempo en tiempo. Diríase que la lírica contemporánea se
desenvuelve ante nuestra visión histórica como en ondas, que
se prolongan unas a otras, cada una hija de la anterior y a su

vez determinante de la siguiente, todas distintas, y todas emparentadas en el común fluir. Yo veo tres grandes ondas cronológicas, netamente apreciables. La primera corresponde al año 1907. En él se publican las *Poesías* de Miguel de Unamuno; las *Soledades, galerías y otros poemas,* de Antonio Machado; *Alma, Museo y los cantares,* de Manuel Machado. Y alrededor de ese año se escriben o publican algunos libros de Juan Ramón Jiménez, como *Baladas de primavera* y *Elegías puras.* Basta con enunciar sus títulos para darnos cuenta de la significación que ese grupo de libros tiene en nuestra lírica. Los mismos autores continúan dando a la imprenta nuevos libros en los años siguientes, dilatando su propia onda con obras admirables, como el *Rosario de sonetos líricos* y *El Cristo de Velázquez,* de Unamuno; los *Campos de Castilla,* de Antonio Machado; *Melancolía, Diario de un poeta recién casado, Eternidad, Piedra y cielo,* de Juan Ramón Jiménez. Hacia 1925 se insinúa una segunda onda lírica que alcanza su pública plenitud en el año 1928, verdadero año fasto de nuestra poesía, ya que en él salen el *Primer romancero gitano,* de Federico García Lorca; *Cántico,* de Jorge Guillén, y *Cal y canto* y *Sobre los ángeles,* de Rafael Alberti, libros que traen vivas novedades y perfecciones absolutas a nuestra poesía. Prosigue ésta su curso por unos años más, onda primera junto a onda segunda, en magnífica convivencia. Y al llegar 1935, dos obras singulares, *La destrucción o el amor,* de Vicente Aleixandre, y *La realidad y el deseo,* de Luis Cernuda, desatan una nueva, tercera, onda de nuestro lirismo. Esta, sin romper con la primera del todo, está ya distanciada de ella, y derivando en parte de la segunda, tiene fisonomía muy distinta. De modo que la poesía española en este desarrollo ondulatorio de 1900 a 1940 se continúa, pero no se repite; es fiel a sí misma, sin imitarse, y cada una de estas nuevas ondas inaugura concepciones poéticas distintas y alumbra horizontes inéditos. Y así podríamos afirmar que en el siglo XX no ha transcurrido espacio alguno de dos o tres años sin que se añadiera a la historia de nuestra poesía, o un nuevo poeta, o una nueva obra, de indudable valor.

Mi tercer punto de vista es el de la potencia de irradiación.

El signo de una época, esto es, la actitud espiritual predomi-
nante en ella, con respecto al tema literario, tiende siempre,
para realizarse en obras, al género con el que se siente en
mayor afinidad y le usa como su forma de expresión favorita. Una época de signo racionalista y analítico verá florecer,
naturalmente, la prosa, el ensayo o las formas didascálicas
de la poesía. En cambio, en un período de inestabilidad de
sentimientos, de profunda conmoción de la sensibilidad, se
entronizará, dueña casi absoluta, la poesía. ¿Y qué ocurrirá
con los otros géneros literarios? Depende, simplemente, del
poder de expansión que lleve en sí el signo dominante. Si es
muy grande irradiará hasta géneros los menos afines, los pe-
netrará a pesar de su escasa conductibilidad para esa actitud
de ánimo. Por eso considero que la mejor prueba de la intensidad con que un signo espiritual domina a una época se
ve precisamente en su capacidad de salirse de su género más
propio, irradiando a los demás y plegándolos, momentánea-
mente, a su exigencia, a su querer, de modo que los haga
decir lo que él quiere decir, aunque no sea su oficio de todos
los días. En el siglo XIX hay un ejemplo ilustre de este caso.
Hacia 1835 se cultivaba frondosamente en España el artículo
de costumbres, dócil molde para insulseces cotidianas, publi-
cadas en los periódicos, exponente perfecto del prosaísmo
burgués. Y, sin embargo, en el mismo seno de ese discreteo
mostrenco, Larra lanza algunos de los gritos pasionales más
desgarradores que sonaron en la época romántica. Y es que
hasta aquel modesto subgénero, remoto, si los hay, de toda
susceptibilidad para lo lírico, llegó el empuje del signo romántico. Más aún se da en nuestros días ese fenómeno, porque el lirismo contemporáneo medra no sólo en las altas
temperaturas de la poesía lírica, género tradicionalmente
identificado con el lirismo, sino en las regiones mucho menos
encendidas de la novela, y, victoria final, hasta en las generalmente frías del ensayo. Toda nuestra literatura está im-
pregnada de lirismo.

En el teatro, desde los comienzos de siglo surgen las obras
dramáticas de aliento lírico. López Alarcón, con *La Tizona;*
luego Eduardo Marquina, que estrena en 1908 *Las hijas del
Cid* y en 1912 *En Flandes se ha puesto el sol,* abren la

marcha. Sigue Villaespesa, que se pasa con armas y bagajes
a una desatada forma de teatro lirificante. Valle-Inclán pro-
yecta en el teatro en verso todas las fases de su talento, la
modernista en *Cuento de abril* y *La marquesa Rosalinda,*
la heroica en *Voces de gesta,* la grotesca en *Farsa y licencia
de la reina castiza.* Los hermanos Antonio y Manuel Machado trasladan al teatro muchas, si no todas, sus excelencias
de poetas líricos, desde 1926, con su *Julianillo Valcárcel.*
Y el penúltimo grupo de escritores del siglo XX no ha realizado ninguna forma de teatro en prosa que se pueda, ni
de lejos, comparar con el teatro de Federico García Lorca,
sin duda el más puro teatro poético de nuestro tiempo.

En la prosa, lo que nos llama la atención en seguida es que
el tipo del escritor en prosa a secas, el prosista exclusivo, no
existe más que en Baroja, a diferencia de lo que ocurría en
la segunda mitad del XIX. Entonces a Galdós, a Pereda, a
Valera, a la Pardo Bazán, a Clarín, a Blasco Ibáñez, les bastó,
y hasta les sobró, con la prosa para lo que tenían que decir.
Hoy día sólo Pío Baroja se encuentra a gusto, como buen
solterón o solitario, entre las cuatro lisas paredes de su prosa
novelesca. Unamuno, junto a su ingente producción de novelas y ensayos, no deja de atender ni un momento a su profunda naturaleza de poeta, y publica seis libros de poesías,
a más de las muchas que de él quedan inéditas. En una novela, *Teresa,* intercala versos entre su prosa, que por cierto
no es muy prosaica. Al final de su tomo de ensayos *Andanzas
y visiones españolas,* como si no le fuera suficiente la prosa
para entregarnos sus magníficas interpretaciones de paisajes,
añade, impresos en renglones seguidos, algunos poemas de
altísima calidad. Valle-Inclán, gran empresario de la prosa
modernista, hace escapadas de enamorado constante de la
poesía, en libros líricos desde 1906, con *Aromas de leyenda.*
Un poco más tarde, el muy intelectual Ramón Pérez de Ayala
nos delata con sus tres libros *La paz del sendero, El sendero
andante* y *El sendero innumerable* su preocupación continua
por lo poético. Y pone de subtítulo a una de sus mejores
colecciones de novelas cortas «novelas poemáticas». Parece
como si lo lírico reinara en el centro mismo del sistema pla-

netario de nuestras letras, atrayendo a sí todos los cuerpos que flotan por nuestros espacios literarios.

Otros escritores hay en quienes esa fuerza de gravitación de lo poético no se exterioriza por alternar en sus escritos la prosa y el verso como los anteriores, pero que sin recurrir al verso obedecen el mandato del signo de su época. Llamarlos prosistas sería cortedad de juicio insigne. Porque su prosa está en un estado permanente de permeabilidad para la sensibilidad poética, que penetra, como inescapable hálito, por todas las rendijas e intersticios de los renglones de su prosa aparente, de tal manera que nos transportan a una atmósfera puramente lírica. ¿Qué importa, por ejemplo, que Azorín no haya escrito versos? En sus mejores ensayos, en *Los pueblos, Castilla,* en sus novelas últimas, *Félix Vargas* sobre todo, la actitud de ese escritor frente al tema propuesto —y eso es lo que en último término define a un escritor— es una actitud enteramente lírica. Recordemos, sólo uno entre los muchos, el párrafo que leí antes. En sus mismos comentos a las obras del pasado, como en *Al margen de los clásicos,* Azorín se olvida de su viejo monóculo analizador, y se acerca a los libros glosados como la arpista a las cuerdas de su arpa, para sacar de ellas resonancias delicadas y exquisitas, y no certidumbres conceptuales. Otro gran artista, muerto muy antes de tiempo, Gabriel Miró, es para mí el mejor poeta de la naturaleza que ha vivido en nuestro siglo. El mismo soplo de misticismo panteísta de un fray Luis de Granada transpira en sus descripciones de los paisajes de su tierra levantina, donde la nube, la sierra, el agua y la hormiga conviven en un bellísimo poema de la creación. No nos engaña por un momento su trágica sumisión a los moldes de la prosa, novela o ensayo.

En el grupo de escritores inmediatamente posterior nada se produce en el campo de la novela que se pueda parangonar con la obra de sus mayores. Pero el más leído de los novelistas nuevos, Benjamín Jarnés, coloca su novela en esas zonas indecisas entre fantasía y realidad, entre lirismo interior y descripciones del mundo donde la pusieron los maestros de este tipo de arte, un Giraudoux en Francia, una Virginia Wolf en Inglaterra, sacando la novela de su servidumbre, antes inevitable, casi siempre, a la visión analítica y reproductiva de lo humano.

Todavía puedo aportar como última prueba de mi tesis un curioso fenómeno acaecido en la prosa de los últimos veinte años. Es la desintegración de sus formas discursivas, su fragmentación, a veces atomística, de la que resultan esas variantes del mismo hecho llamadas «glosas», de Eugenio d'Ors; «aforismos», de José Bergamín, y «greguerías», de Ramón Gómez de la Serna. Los aforismos que empezó Bergamín en *El cohete y la estrella* son casi siempre líricas iluminaciones, más que concreciones intelectuales. ¿Y cómo podemos explicarnos la fabulosa creación del más atormentado, original y profuso de nuestros prosistas nuevos, de Ramón Gómez de la Serna, sino como un gran desengaño de la prosa, como una desazón constante de un hombre dentro de lo insatisfactorio? Ramón vive de las ruinas mismas de su prosa. Se complace en reducirla a escombros, a greguerías, y a falta del gran poema que sin duda quiso escribir, saca de estas escombreras preciosas partículas de lirismo, como trocitos de un espejo, de un solemne espejo de cuerpo entero de alguna abuela suya, roto por este diantre de nuestras letras.

Poco me queda que decir ya. Quisiera únicamente adelantarme a una objeción posible. Quizá alguien crea que en lo que tengo dicho he pecado de parcialidad en favor de lo lírico, pasando por alto otro rasgo externo de nuestras letras, al parecer muy notable, y es el crecimiento y cultivo, intenso y extenso, del llamado ensayo. Los inclinados a la consideración estadística de los hechos literarios alegarán que el número de ensayos y ensayistas alumbrados en el siglo XX en España es tan crecido, al menos, como el de poetas. Puede que así sea. Confieso que no me he entretenido en contar el número de letras impresas en forma de ensayos para compararlo con el número de las impresas en verso. El argumentar por cantidad en literatura sólo puede llevar a alguna consecuencia si se usa como asistente de argumentos mayores, no cuantitativos. Si bien es cierto que se escribieron miles de ensayos en España en lo que va de siglo, no lo es menos que la mayoría de ellos pecan de oportunismo y superficialidad. El ensayo tiene progenitores ilustres, y siempre se sacan a relucir nombres como Bacon y Montaigne, sí. Verdad que muchos ensayos escritos en este mundo son hijos de las nupcias de la gracia espiritual con el arte literario. Pero de los que llovieron sobre nuestra patria, pocos hay así. Se me aparecen más bien como legión de bastardos productos, nacidos del interesado connubio de la vulgarización con el periodismo. El ensayo ha sido en España la puerta falsa por donde han intentado colarse en el mundo literario muchas personas que no tenían nada que decir, pero que no sabían cómo decirlo. Todo ese montón de titulados ensayos casi nunca pasan de ser artículos de periódico con pretensiones hieráticas, y no accedieron al recinto de las obras literarias con candidatura a la perduración. De los grandes ensayistas, y de los buenos ensayos, de Unamuno, de Azorín, de Pérez de Ayala, de Ortega y Gasset, de Bergamín, ya se dijo antes que no se les puede tomar como ensayistas terminantes; y ya se intentó probar que en sus ensayos y en sus personalidades, la actitud lírica, en distintas medidas, los define mejor que la estrictamente intelectual del ensayista. Hay no poca literatura de ideas en nuestra España, pero casi toda es una poesía de las ideas, un pensar encendido y poético. Dicho de otro modo, la avalancha del ensayismo la divido yo en tres apartados, por orden de valor. En el superior están esos nombres ya citados, para los cuales mantengo como vigente mi aserción de la irradiación de lo lírico, de la actitud, centralmente lírica, de sus autores. En el apartado intermedio pongo bastantes obras de buen corte intelectual, de enfoque discreto y de decoroso despacho literario; buena lectura para responder a algunas preocupaciones generales de nuestros días, y nada más. Y en el inferior han de abandonarse, como en fosa común, miles de artículos periodísticos, respetables si se los mira como decía Clarín, sin razón, de sus «Paliques», como un medio de ganarse el pan de cada día con relativa honradez, pero sin título a la consideración estrictamente literaria. Importantes para la historia de la cultura, llenos de datos para los registros de nuestra vida social, se los abandonamos gustosos a los historiadores, para que sacien a placer en ellos su legítima sed de fuentes.

He querido exponer algunas pruebas de este imperio del lirismo en nuestras letras, de sus vuelos por todos los géneros, de sus idas y venidas del verso a la prosa, y de la prosa al verso, de la fascinación que ha ejercido sobre viejos y jóvenes en nuestra literatura de hoy. No son nuestros días, días de novela, de drama, de ensayismo. Es el gran viento lírico, con sus mil velocidades, de la brisa al huracán, de las «Arias tristes» de Juan Ramón Jiménez a las poesías tormentosas de Alberti o Aleixandre, el que ha estado cuarenta años acariciando almas o agitando almas, sin cesar barriendo las mesetas visibles e invisibles de nuestra España inolvidable.

Diciembre 1940.

El cisne y el búho

Apuntes para la historia de la poesía modernista

Se inicia la publicación de las poesías completas de Enrique González Martínez. Cae en sazón. En un transcurso de treinta y seis años, 1903-1939, vino el poeta dando libros a su público. Las obras y los días. Cada día nos trae su obra que hacer; y así se vive, se crea, en una sucesión lenta de horas y versos. Pero llega un momento en que los días se han acumulado, año sobre año, y pueden llamarse ya, a justo título, una vida cabal. Y las poesías, las obras, tienen ya derecho a ser miradas en su conjunto, como *la obra,* como la creación vista con todos los trozos de su totalidad. Así acontece hoy con González Martínez. Por fortuna para sus admiradores y amigos vive en pleno dominio de su facultad poética, y no está dicha aún la última palabra de su poesía. Pero, no obstante, lleva dichas las suficientes, en calidad y cantidad, para que su obra se pueda ver ya en toda su plenitud de sentido, con todos los matices de su evolución, rica para el goce, completa para el estudio.

El primer tomo, recién aparecido, recoge la producción de

los años 1898 a 1917; esto es, los dos primeros libros bajo
el título de *La hora inútil, Silenter* (1909), *Los senderos
ocultos* (1911), *La muerte del cisne* (1915) y *El libro de
la fuerza, de la bondad y del ensueño* (1917).

Van seguidas algunas notas suscitadas por la relectura de
esas poesías y, especialmente, por el alto que hizo mi pensamiento en una de ellas, proclamación del ideal poético del
autor, desarrollado a lo largo de su vida creadora con ejemplar fidelidad y serena maestría.

Un soneto miliar

El propio poeta ha señalado la importancia que tiene para
él, como justa expresión de su concepción de la poesía, el
soneto titulado «La muerte del cisne», y publicado en 1911
en *Los senderos ocultos,* al volver sobre ese poema para
colocarlo al frente de un nuevo libro, como poesía liminar
y epónima. En efecto, González Martínez, cuando recoge sus
obras escritas entre 1911 y 1915, llama al nuevo volumen
La muerte del cisne, y antes de iniciar al lector en el libro
inserta en la primera página el célebre soneto en un apartado
especial, que rotula «El símbolo». De suerte que él mismo
declara que para él esa poesía encierra un valor simbólico.
Quizá no esté de más reproducirlo aquí, para mayor facilidad
en las referencias que sigan:

> Tuércele el cuello al cisne de engañoso plumaje
> que da su nota blanca al azul de la fuente;
> él pasea su gracia no más, pero no siente
> el alma de las cosas, ni la voz del paisaje.
>
> Huye de toda forma y de todo lenguaje
> que no vayan acordes con el ritmo latente
> de la vida profunda, y adora intensamente
> la vida, y que la vida comprenda tu homenaje.
>
> Mira al sapiente búho cómo tiende las alas
> desde el Olimpo, deja el regazo de Palas,
> y posa en aquel árbol su vuelo taciturno.
>
> El no tiene la gracia del cisne, mas su inquieta
> pupila, que se clava en la sombra, interpreta
> el misterioso libro del silencio nocturno.

Ornitología y císnica poéticas

¡Qué campo tan tentador el de la ornitología poética, desde nuestro primer pájaro augural, simbólico también, la cor-
neja, que volaba a la diestra cuando el Cid sale de Vivar,
a la zumaya de García Lorca! Ruiseñor del romance, cisnes
de Garcilaso, aves de altanería y grullas veleras de Góngora,
tórtola querulante y paloma arrulladora de Meléndez Valdés,
golondrinas sin vuelta de Bécquer, ruiseñor maravilloso de
Jorge Guillén, aves las más ilustres de nuestra lírica, entre
otro numeroso coro de plumados menores. Y en esta Internacional del averío poético, fuera de nuestra tierra y lengua,
vuelan incansables y eternos el mínimo colibrí de Alfred de
Vigny, o su herida águila, en «Eloa»; los ruiseñores de habla
inglesa, supremo el de Keats, entre los de Milton, Words-
worth y Coleridge; el cisne de Heine en su lago del Norte;
la alondra de los amantes de Verona y del otro amante, Shelley; el cuervo de azabache y terror de Edgar Poe; el albatros
expiatorio de Baudelaire; el cóndor de Leconte de Lisle, y
el sinsonte de Walt Whitman. Todos apresados en esa inmensa pajarera, hecha con barrotes invisibles, cortos y largos,
alemanes o americanos, de los versos que a la vez les dieron
libertad y los contienen para siempre.

Búho vs. Cisne. Del cisne y de los cisnes

En esa poesía de González Martínez se ofrece palenque
a una extraña riña de pájaros, el búho contra el cisne. ¿Por
qué escogió el poeta mexicano estas dos criaturas aladas
como sendas encarnaciones simbólicas de dos actitudes poéticas? Intentemos una explicación.

Es el cisne una presencia constante en la poesía universal,
desde la antología griega a los románticos, desde los poetas
latinos al Renacimiento. Pero el ave ejemplar no siempre
significa lo mismo; y a través de las edades, distintas luces
de símbolo le hieren desde distintos ángulos de interpretación; así, siendo siempre uno y el mismo cisne, se nos ofrece

en la historia de la poesía con pluralidad de sentidos. Aun limitándonos a la poesía francesa del XIX, la que más influyó en América, y quizá la más rica en gradaciones de sensibilidad, veremos cómo cruzan por ella con el idéntico albo disfraz del cisne plurales figuraciones poéticas.

Al final del *Journal d'un poète,* de Alfred de Vigny, hay unos cuantos proyectos de poesías que él titula «Poèmes à faire». Uno de estos borradores poéticos es «Le cygne». El pájaro vuela llevando ceñida a su cuello a una serpiente, su inseparable enemiga, que le bebe la sangre, y a la cual él, generosamente, libra por la fuerza de sus alas de arrastrarse por el fango terrenal. Y el poeta aclara:

> *Ainsi l'impuissant Zoïle est porté dans*
> *l'azur du ciel et dans la lumière par le*
> *poète créateur, qu'il déchire en s'atachant*
> *à ses flancs...*

Este extraño cisne, más de los aires que de las aguas, es una imagen muy grata a los románticos: el poeta sofocado por el vulgo que le rodea y al cual redime de su bajeza natural.

Baudelaire, paseando un día por el espectral y sórdido París de sus *Tableaux parisiens,* da con un pobre cisne junto a un arroyo seco, y que

> *baignait nerveusement ses ailes dans la poudre.*

Es un desterrado, según Baudelaire, y como ellos ridículo y sublime; le hace pensar en

> *... quiconque a perdu ce qui ne se retrouve.*

Este cisne sin agua y sin mito es uno de los vencidos y cautivos del mundo, en el que no volverá a encontrar jamás su dignidad antigua, como el poeta, quizá, en el prosaico ambiente moderno.

Sully Prudhomme traspasa esta visión romántica del ave e inicia la versión del cisne de exquisita hermosura, criatura puramente decorativa:

> *Sa grande aile l'entraîne ainsi qu'un lent navire.*
> *Il dresse son beau col au-dessus des roseaux.*

Cautivado por su propia belleza, Narciso animal,

> *Il choisit, pour fêter sa blancheur qu'il admire,*
> *La place éblouissante où le soleil se mire.*

Y cuando el día se cierra sobre el lago, el pájaro, en la noche color de leche y violeta,

> *Comme un vase d'argent parmi les diamants*
> *Dort, la tête sous l'aile, entre deux firmaments.*

Bien se ve que el cisne ha cambiado de lago: porque éste ya no es el lago lamartiniano romántico, es el nuevo lago descubierto por la escuela del «Parnasse».

Y otro, aún más extraño y enigmático, le espera, si nos adentramos en la poesía francesa del XIX. Mallarmé nos revela el cisne más singular de todos, cisne cogido en la prisión del hielo:

> *Ce lac dur oublié que hante sous le givre*
> *Le transparent glacier des vols qui n'ont pas fui.*

Cisne cubierto, casi, de tantos misterios y guiños simbólicos como de plumas, cisne ex magnífico, hecho de su recuerdo:

> *Un cygne d'autrefois se souvient que c'est lui*
> *Magnifique...*

Fantasmal criatura condenada a este lugar por su propio blancor:

> *Fantôme qu'à ce lieu son pur éclat assigne.*

Y, sin duda, ideal alusión al anhelo de crear, todo en blanco y puro, agarrotado por una glacial impotencia.

Rodenbach, el lacrimoso belga de *Bruges-la-morte,* metamorfosea en lánguidos cisnes de verso aquellos que para él debían de ser simple realidad cotidiana en los canales de su Brujas:

> *Les cygnes vont comme du songe entre les quais.*

En ningún poeta aparece tan exaltada la naturaleza exquisita, la insigne aristocracia espiritual de estas aves. Para él son poetas muertos en infancia, que se deslizan por los canales como por un líquido Limbo:

> *Poètes décedés enfants...*
> ....
> *Et demeurent dans ces canaux comme en des Limbes.*

Lo que canta en su agonía son esas almas malogradas:

> *... c'est l'âme s'évadant*
> *D'enfants poètes qui vont revivre en gardant*
> *Quelque chose de vous, les ancêtres, les cygnes!*

Rubén Darío, condensador e intérprete genial en lengua española de tantos temas de la poesía francesa del XIX, casi llega a una teoría del cisne y de lo císnico. Ya en la prosa de *Azul* se asoma el cisne, adjetivado de un modo preciosista. Y luego, de *Prosas profanas* en adelante, el pájaro y sus símbolos cruzan una y otra vez por sus poesías, señalando con su presencia casi obsesiva el lugar central que ocupa lo císnico en su poética. Con razón confiesa, en los soberbios endecasílabos que abren *Cantos de vida y esperanza*, que estaba su

> ... jardín de ensueño
> Lleno de rosas y de cisnes vagos.

Cisnes *vagos;* esto es, de indefinido contorno, vacantes formas disponibles, sobre las cuales el poeta podía descargar las significaciones que se le ocurrieran, haciéndoles portadores momentáneos de uno u otro símbolo. Cuando se aborde el estudio de la temática de Rubén Darío será el tema del cisne uno de los capítulos más seductores. En tres cuentos de *Azul,* por lo menos, «El rey burgués», «La ninfa», «Acuarela», introduce a su ave favorita. (Detalle curioso para la historia del tema es que los cinco renglones en prosa que consagra al cisne en «Acuarela» son luego versificados en «Blasón»; en la poesía conserva el poeta las metáforas y la adjetivación mismas que inventara para la descripción del

cuento: «brazo de una lira», «asa de un ánfora», «ágata color de rosa».) En *Prosas profanas,* Darío consagra dos poesías al cisne. La primera es «Blasón». Hace resaltar su estirpe
sagrada y olímpica, su condición aristocrática, su puro blancor, lo exquisito de los elementos que le forman:

> Y hechos son de perfume, de armiño,
> De luz alba, de seda y de ensueño.

Sus credenciales consisten en haber amado a Leda y servido
a Leonardo de modelo pictórico. En conducir a Lohengrin
por las aguas danubianas, en atraer caricias de la Pompadour
en Versalles, en pasearse por el lago del romántico Luis de
Baviera. Representa esta poesía algo así como el entroniza-
miento del cisne en el mundo poético de Darío. Más adelante nos encontramos en el mismo libro con «El cisne»,
soneto alejandrino. Califícalo de nuevo de sagrado. De él
ha nacido Helena, princesa de lo bello. Eterno es su canto:

> Sobre las tempestades del humano océano
> Se oye el canto del cisne; no se cesa de oír.

Pero aquí, de la exaltación lírica del ave pasa Darío a la
consagración del cisne casi como símbolo progenitor de la
nueva poesía:

> Bajo tus alas blancas la nueva Poesía
> Concibe en una gloria de luz y de harmonía
> La Helena eterna y pura que encarna el ideal.

Conforme a esta visión, el arte nuevo, el modernismo lírico,
ha nacido del fabuloso ayuntamiento de la Poesía con ese
cisne, cargado de símbolos. Puede verse aquí que para Darío
el ave de Leda asciende a la categoría de fecundador de la
poesía para haber en ella una nueva progenie, luminosa y
aristocrática. Teoría, o poco menos, de lo císnico. En las mismas *Prosas profanas* apunto *doce* poesías más donde aparece
el cisne, en una u otra forma. («Era un aire suave», «Divagación», «Sonatina», «Bouquet», «El país del sol», «Heraldos»,
«El poeta pregunta por Stella», «Friso», «Palimpsesto», «Copla esparça», «Dafne» y «Yo persigo una forma».) Es cu-

rioso notar que *Prosas profanas* termina, como con la más airosa rúbrica posible, con un verso «de cisne»:

> Y el cuello del gran cisne blanco que me interroga.

Apenas abrimos *Cantos de vida y esperanza,* antes de que empiecen sus prodigiosas rimas, ya nos salta a los ojos el ave favorita, en el «Prefacio». Rubén Darío quiere escribir su protesta de poeta contra el posible imperialismo norteamericano «sobre las alas de los inmaculados cisnes, ilustres como Júpiter». En este tomo son cinco las poesías dedicadas al cisne, cuatro bajo el título común de «Los cisnes», y otra llamada «Leda». En el primer poema se presentan los cisnes como un refugio delicado y acariciador contra la desilusión y el desánimo:

> Cisnes, los abanicos de vuestras alas frescas
> Den a las frentes pálidas sus caricias más puras
> Y alejen vuestras blancas figuras pintorescas
> De nuestras mentes tristes las ideas oscuras.
> ....
> Faltos de los alientos que dan las grandes cosas,
> ¿Qué haremos los poetas sino buscar tus lagos?

Y, sin embargo, en la estrofa final cisnes son los que lanzan al aire el augural grito esperanzado:

> Y un cisne negro dijo: «La noche anuncia el día.»
> Y uno blanco: «¡La aurora es inmortal! ¡La aurora
> Es inmortal!»

Investido queda aquí el pájaro con el doble menester de asilo contra la desesperanza y depósito de la fe en la eterna luz. En el cuarto poema Rubén supone un pacto de dioses y bestias, en que se atribuye a la alondra la luz, al búho la sabiduría, el amor a las palomas, etc. Pero los cisnes son los «divinos príncipes», «vagos», «inmaculados», «maravillosos». Su mérito supremo es haber dado precisa corporeidad al sueño y al mito:

> Las dignidades de vuestros actos
> Eternizadas en lo infinito,
> Hacen que sean ritmos exactos,
> Voces de ensueño, luces de mito.

El poema tercero de «Los cisnes» y «Leda» encajan más bien en el sector de la poesía sensualista y neohelénica de Darío, y nos ofrecen al cisne en función de amante de Leda. Confírmase aquí que para Darío esa mítica cópula es la que confiere al cisne, para siempre, su don de aristocracia y su derecho a reclamar parentela con lo divino. Señalo en *Cantos de vida y esperanza*, a más de las poesías indicadas, las siguientes, con aparición de cisne: «Yo soy aquel…», «Salutación a Leonardo», «Por el influjo de la primavera», «Nocturno I», «Trébol» y «Propósito primaveral». En total, once poesías. Y, por último, en *Historia de mis libros* alude en unas líneas a la oposición cisne-búho, y confiesa que ve «en el símbolo císnico… lucir la esperanza para la raza» y que se estremece «ante el eterno amor».

Cerramos aquí este desfile, desde luego provisional e incompleto, de los cisnes más notorios de la poesía moderna. Nos habrá dado idea de cómo dominaba los firmamentos y los lagos líricos el ave de Leda.

Rebelión contra el cisne

Todos estos pájaros circulan por las páginas de los libros de poesías más leídos y conocidos en América hispana entre 1900 y 1910. Románticos, parnasianos, simbolistas, esto es, los dioses mayores de los jóvenes poetas de entonces, habían revestido al cisne, según queda visto, de insigne dignidad lírica. Rubén Darío, emperador del alejandrino, monarca sin rival de la nueva escuela, lo patrocina como su ave áulica, truchimán ilustre de su pensamiento poético y príncipe de los pájaros. El prestigio del cisne parecía inconmovible. Y precisamente entonces, en pleno reino de lo císnico, salta un rebelde, la voz de un joven poeta mexicano, invitando no ya sólo al repudio del cisne, como ave del norte y símbolo, sino a la torsión de la más memorable y admirada parte de su ser, el cuello. Dado el cimero papel que llenaba el ave en la monarquía literaria, se podía calificar esa voz de excitación al magnicidio, y nada menos.

Tuércele el cuello...

La forma en que se invitaba a acabar con el despotismo
del ave jupiterina no iba ciertamente acorde con la exquisitez
que suele ser su atributo. «Tuércele el cuello...» Imperativo
más propio para el sacrificio de un humilde volátil domés-
tico que no para el de un ave sagrada. Y, sin embargo, esa
fórmula de dicción estaba ennoblecida por el precedente. La
había usado, treinta y cinco años antes, otro poeta, el francés Paul Verlaine, en su célebre poesía preceptiva «Art poé-
tique». También Verlaine quería torcer el cuello a alguien.
Pero no era a *alguien* precisamente. Como buen francés,
enamoradizo de abstracciones, quería torcer el cuello a un
concepto abstracto:

> *Prends l'éloquence et tords-lui son cou.*

Nos encontramos, pues, a dos poetas excitando a lo mismo,
a retorcer el pescuezo —como se dice en español llano—,
o a torcer el cuello, forma atenuada de expresión de la misma crueldad. Pero cada uno había escogido una víctima.
El poeta de París, la elocuencia; el de México, el cisne. Y,
sin embargo, pese a la diversidad de las palabras, ¿no resultará en realidad que las víctimas se parecen mucho? Ya lo
veremos.

El cisne enemigo

Cuando González Martínez excita a torcer el cuello al cisne, ¿cuál es *el* cisne a que nos apunta? ¿Cuál era su cisne
enemigo? Para contestar a esa pregunta necesitamos sacar
ahora la consecuencia de aquella reseña de cisnes que dejamos hecha líneas atrás. Y tenemos que hacernos otra nueva
pregunta: ¿Qué significa el cisne en la lírica moderna; esto
es, la romántica y sus derivadas?

Es imposible reducir el cisne a unidad de significación.
En los románticos renglones de Vigny, el cisne es el poeta

que crea y que lleva encima el fardo del zoilo vulgar. En
Baudelaire es el ser mítico, la criatura ideal y exquisita, des-
terrada en la pobreza de este mundo. Creo que también pueden valer, dentro de la concepción cósmica de ·Baudelaire,
por el poeta. En Mallarmé entrevemos que el cisne es el
ansia de ideal pureza, de creación perfecta, debatiéndose entre las ligaduras de lo imposible. Asimismo puede entenderse
por el poeta, como en los casos anteriores. Rodenbach nos
dice, él mismo, que los cisnes son poetas malogrados en
flor, tristes fracasos de poetas, que pasean su melancolía por
el mundo. Es indudable, en esta familia de poesías, la equi-
paración, más o menos explícita, del cisne al poeta. El cisne
no tiene vida propia, alude, por una u otra de sus cualidades,
al poeta. Su carácter preeminente parece ser el de víctima
o fracasado, o a lo sumo de desterrado ilustre, y maltratado
en este bajo planeta. Pero en la poesía de Sully Prudhomme
el cisne cobra más individualidad: se le pinta en una decoración exquisita, con toques delicados, y desaparece ante
nuestros ojos en el seno de una noche violeta y láctea, des-
cansando en una superficie de diamantes, semejante a un
vaso de plata. El cisne, en lugar de ser portador de sufri-
mientos, es portador de su propia belleza y nada más, sobre
las aguas del lago. Del cisne filosófico se pasa al cisne estético, al ave preciosista y refinada, más forma que símbolo,
que se pasea orgullosamente inútil, virtuoso del ocio aristocrático, por la lámina del lago. Si nos resistíamos a tener
por el cisne enemigo de González Martínez al de Vigny,
Baudelaire o Mallarmé, al dar con el de Sully Prudhomme
entramos en sospecha. En efecto, ¿cuál es la limitación que
el poeta mexicano reprocha al cisne? Según los versos segundo y tercero del soneto, «da su nota blanca al azul de
la fuente», «él pasea su gracia, no más». Y lo que nos describe Sully Prudhomme en su poesía es justamente el lán-
guido y bello pasear del cisne, el contraste de su blancura
con la sombra. Y hasta califica uno de sus movimientos de
«gracieux», empleando el mismo vocablo que González Martínez. En suma, este cisne, que podría llamarse «el gracioso
y decorativo paseante del lago», se conforma más a la idea
de ser ese cisne enemigo que andamos buscando. Se me

podrá objetar si es que González Martínez conocía todas esas
metamorfosis poéticas del cisne. No lo sé. Bien podría ser,
porque el poeta mexicano es lector fino, y por extenso, de
la lírica francesa moderna, y excelente traductor de algunas
de sus mejores obras. Pero no hace al caso, a mi caso: esto
no es un estudio de «fuentes» ni de «influencias», sino un
apunte de estudio temático. Lo que no deja duda es que el
autor del soneto célebre conocía la poesía de Rubén Darío,
gran empresario de cisnes. ¿Estará, entonces, entre los suyos
el que buscamos? Y eso nos lleva a repetir la pregunta primera: ¿Qué significa el cisne en Rubén Darío? ¿De dónde
llegan sus cisnes?

La obsesiva afición de Rubén Darío al cisne me parece inseparable del mito de Leda. Satisfacía éste los más caros
apetitos del poeta americano, por su extraña combinación
de dignidad olímpica y refinada y perversa sensualidad.
¡Magnífico triángulo para la imaginación ardiente de Rubén Darío! Un dios griego disfrazado, para su apetito pagano y aristocrático. Una hembra, dechado de belleza, po-
seída por un dios animal, visión de acto sensual rara y
excitante, para su apetito de los sentidos. Y un ave que por
su blancura y pureza es reversible del mito de lo sensual
al romántico mito de Lohengrin, para el apetito idealista y
misticorromántico. Leda era un tema literario y artístico ilustre. En el tiempo del poeta escribe Pierre Louys un cuento,
«Leda», sobre el tema clásico. Gustavo Moreau, pintor que
gozaba de fama de raro, crea su plástica Leda. Se pone de
moda Leonardo de Vinci, cuya Leda cita expresamente Rubén Darío. Parece muy probable que ésta fuese una de las
vías de acceso del poeta a su entusiasmo por el cisne. Otra
la señala él mismo, al comentar su soneto «El cisne» de
Prosas profanas, dedicado a Charles de Gouffre, músico y escritor belga que le inició, en Buenos Aires, en los secretos
del wagnerismo, que hacía furor en los círculos estéticos in-
ternacionales. El cisne lohengriniano era el príncipe encanta-
do, doncel de leyenda nórdica, mito espiritualista y sentimental que complementaba a la perfección el otro mito
sensual.

Esta somera inquisición de los orígenes de la afición cís-

nica de Rubén Darío nos revela ya dos de los significados
que en su poesía tiene el ave. Uno, el de ser fuerte condensación de ingredientes paganos y sensuales, tan constantes
en varias formas en la obra de Darío; es decir, su significado
de mito griego del amor carnal. Y otro, el de contener, en
la historia de Lohengrin, el encanto romántico de lo caba-
lleresco legendario, del romanticismo exterior. Pero Rubén
Darío abruma a su ave favorita con otras variadas misiones
significativas. Es emblema y cifra de lo blanco, le cita entre
los cirios, las margaritas, los lirios, la nieve:

> Su blancura es hermana del lino,
> Del botón de los blancos rosales
> Y del albo toisón diamantino
> De los tiernos corderos pascuales.
> ....
> Es de armiño su lírico manto.

> *(Blasón)*

Escribe en sus alas como en láminas de incomparable albura.
(Prefacio de *Cantos de vida y esperanza.*) Lo blanco, superando su simple valor para los ojos, debe traducirse casi
siempre en la poesía de Darío como aspiración a la pureza
y místico anhelo de inocencia. Parece, pues, legítimo el contar entre las significaciones dadas al cisne por Darío la de
ser símbolo de lo puro, ideal.

Tres veces, por lo menos, le toma, al contemplar la curva
retorcida de su cuello, como signo misterioso de interrogación, del cual se sirve para intentar arrancar su secreto a la
Esfinge:

> Yo interrogo a la esfinge que el porvenir espera
> Con la interrogación de tu cuello divino.

En otras ocasiones alude a él como portento de aristocracia,
y llega a llamarle («El país del sol») «el cisne-marqués». En
un caso el cisne es el cantor de la inmortal esperanza («Los
cisnes»), cima de la luz. Y en «El cisne», y en «Blasón»,
se transforma en eterna fuente de inspiración estética, pro-
creador, en nupcias con la poesía, de un nuevo ideal de
belleza helénica.

Todos éstos son significados trascendentes de la simple

apariencia física del ave, proyecciones simbólicas de sus rasgos materiales.

Pero además, y muy copiosamente, Darío usa el cisne por su puro valor plástico, sin ir más allá de su forma bella y de las asociaciones de imágenes materiales que despierta:

> Un cincelado témpano viajero
> Con su cuello enarcado en forma de S.
>
> *(Divagación)*

> Lustra el ala eucarística y breve
> Que abre al sol como un casto abanico.
>
> *(Blasón)*

Con frecuencia el cisne es un elemento decorativo capital. Todavía no se ha intentado el estudio de «el paisaje poético» en la obra de Darío. Como buen entendedor de los simbolistas, llevó a su poesía estas artificiosas composiciones, donde se combinan, unas veces suntuosas de belleza como en los fondos de los venecianos, y otras convencionalmente amaneradas como en los telones de los fotógrafos, lagos, fauna, flora, guardarropía y objetos de arte. Eso que llamo su paisaje poético es sin duda lo que más y más fácil éxito trajo a Rubén, y quizá lo más perecedero de su gran obra; y sumamente perjudicial para ella, ya que oculta tras materiales, frecuentemente de tramoya, lienzo y cartón, la potente autenticidad lírica de su autor. Pues en ese paisaje el cisne juega inevitable papel:

> Y el ebúrneo cisne sobre el quieto estanque
> Como blanda góndola imprime su estela...
>
> *(Era un aire suave)*

> Ni los cisnes unánimes en el lago de azur.
>
> *(Sonatina)*

> En los celestes parques al cisne gongorino
> Deshoja sus sutiles margaritas la Luna.
>
> *(Trébol)*

> Mientras el blanco cisne del lago azul navega
> En el mágico parque de mis triunfos testigo.
>
> *(Propósito primaveral)*

He aquí los, para mí, más aparentes significados que el espíritu poético de Rubén infundió en la grácil figura del cisne. Pero aún me queda por señalar la que tengo por razón profunda y última de esa atracción del poeta por el ave jupiterina. Rubén Darío nos abre paso al conflicto esencial de su alma en la poesía «El reino interior». Allí nos la presenta como igualmente seducida por las bellezas, igualmente seductoras, de los siete mancebos (los Vicios) y las siete doncellas (las Virtudes). Vuela esa alma dividida, entre dos oposiciones, amadas ambas, «entre la catedral y las ruinas paganas». Y justamente la aptitud del cisne para simbolizar ese dualismo de los anhelos humanos, es lo que le gana el favor de Darío. Porque el cisne es, a ratos, signo del goce sensual, del exaltado placer físico que une al animal, al macho y a la diosa. Pero también, en otros momentos, hechura de inmaterialidad, criatura casi incorpórea de exquisita pureza. Y hechos son de perfume, de armiño,

De luz alba, de seda y de ensueño.

(Blasón)

Así resultaría que el supremo valor simbólico del cisne está en su capacidad de pasar de lo más espiritual a lo más sensual, sin dejar de ser él, siempre dentro de su misma naturaleza. Y el cisne representaría entre los animales la coexistencia en un mismo ser del impulso místico y el sensual, la personalidad de Rubén Darío, en último término. Esa alternancia de *Sagesse* y *Fêtes galantes* latente en casi todos los poetas del siglo XIX francés.

Y volvamos, de nuevo, a la pregunta inicial: ¿Cuál de estos cisnes es el enemigo de González Martínez? No parece dudoso. Uno es el cisne mítico de Leda, símbolo del placer de los sentidos, divinizado por la ilustre alcurnia de los personajes, signo del goce jubiloso de la vida en las más hermosas superficies carnales. El otro sería el cisne estético, ese que decora tantos paisajes líricos de Rubén Darío, puro ornamento gracioso, que se desliza en sucesión de lánguidas posturas por las láminas de los lagos azules. Ambos son cultivadores de superficies, seres que resbalan sobre las formas aparentes del mundo, sin más urgencia que disfrutarlas, ni otra misión que acrecer su belleza. Y, por ende, ignorantes o desdeñosos de la vida interior. Esta clase de cisne, a fuerza de repetirse en los versos rubenianos, incurre en cierto pecado de mecanismo o amaneramiento, y de forma animal pasa a forma retórica. Apenas se inicia la descripción de un paisaje aristocrático en Darío, el de la divina Eulalia, el de la princesa de la «Sonatina», y se dibuja en él el contorno de un lago, podemos sospechar fundadamente que no tardará en erguirse en el horizonte la ese del cuello del cisne. Y por aquí accedemos a descubrir que los dos poetas que coincidían en esa comezón de *torcer el cuello,* Verlaine y González Martínez, coinciden también en la identidad de la víctima. Porque al escribir *éloquence,* Verlaine pensaba en la retórica pomposa de los románticos, y al escribir *cisne,* González Martínez se refería al cisne como al más brillante ejemplo de la retórica preciosista del modernismo. Jorge Guillén ha denominado al cisne, en una poesía suya, «tenor de la blancura». Esta feliz expresión le pinta como supremo elocuente. Proponemos, pues, la ecuación: elocuencia igual a cisne. Así que el enemigo de González Martínez es una de las formas favoritas que asume la nueva retórica modernista en Rubén Darío: la forma cisne.

El nuevo mito

González Martínez es poeta también como Rubén Darío. Manejan los dos armas del mismo arsenal. Y por eso cuando el mexicano quiere destronar el mito del cisne se le ocurre que nada mejor, para ese fin, que entronizar un mito nuevo. Quizá por misteriosa e inconsciente influencia del mismo Rubén, ya que era el suyo un mito-ave, González Martínez busca otro pájaro, mítico también, para convertirlo en otro símbolo poético. Mito contra mito, ave contra ave, búho contra cisne. ¿Por qué el búho? La cortedad del cisne consistía, según los versos tercero y cuarto del soneto, en no poder sentir «el alma de las cosas ni la voz del paisaje». En efecto, el cisne es paisaje él mismo; es el signo de inte-

rrogación que delinea con su cuello. González Martínez lo
que busca es un descifrador de signos, un intérprete y acla-
rador de paisajes. Yo diría que lo que siente en el fondo
de su alma no es tanto deseo de matar al cisne como anhelo
de explicárselo. Y el búho puede explicar al cisne. Era tan
fuerte el prestigio del helenismo de segunda mano, de ese
«mester de paganía», que Rubén Darío dio como excelso
blasón al modernismo, que González Martínez acude asimismo al mundo de los dioses antiguos en busca de candidato
al trono poético. Y escoge un pajarraco de torpe traza, aunque de insigne historia, la lechuza o búho, ave de Palas
Atenea. Como tal, la cualidad que distingue al búho es lo
penetrante de su visión, que atraviesa las tinieblas nocturnas
y le confiere el don de ver en lo oscuro. Fácilmente se de-
duce de aquí el paralelismo simbólico de visión, igual a inteligencia, y oscuridad, igual a misterio o ignorancia. Si el
búho real ve en la noche, el búho mítico ve en lo oscuro
de las vidas de los hombres, en los misterios y zonas ocultas.
Es curioso notar que entre los griegos el pájaro se presentó
también como adversario simbólico de Dionysios; y reinaba
la superstición de que los huevos de lechuza, mezclados con
vino y bebidas tres días consecutivos, convertían al borracho
más contumaz, inspirándole horror a su antes favorita be-
bida. Adecuado símbolo, pues, el búho, para luchar con todo
lo que hay de bacanal y embriagador en la lírica de Rubén
Darío. De suerte que el conflicto de poetas se reduce a un
enfrentarse de aves, y en última instancia, a una oposición
de feminidades. Atenea contra Leda. Todo se queda en casa;
es decir, en el Olimpo, *domus aurea* de la poesía modernista.
Más adelante el búho degeneró. Las leyendas y la poesía pre-
rromántica y romántica, tan aficionadas a la noche, a lo lúgu-
bre, ven en el búho tan sólo un pájaro siniestro, agorero
bulto oscuro, que con su grito aumenta el terror de las
sombras. Con destinos similares a los del cisne, pasa por una
fase de ave decorativa, y recuerdo, por ejemplo, su mención
en el ambiente escalofriante de «The Eve of St. Agnes»,
de Keats:

St. Agnes' Eve - Ah, bitter chill it was.
The owl for all his feathers was-a-cold!

Baudelaire, inagotable tesoro de temas poéticos, rehabilita al búho en su antigua nobleza olímpica. En su soneto «Les Hiboux», a la sombra de los lúgubres tejos, están los búhos en fila como dioses extraños

> *dardant leur oeil rouge. Ils méditent.*

He aquí devuelto a los búhos su máximo prestigio, ser emblemas de la meditación. Baudelaire se sirve en seguida del búho para expresar, otra vez, una idea que le era muy cara: la sabiduría suprema de la inmovilidad. Los búhos no se mueven en toda la noche, y eso es una lección:

> *Leur attitude au sage enseigne*
> *Qu'il faut en ce monde qu'il craigne*
> *Le tumulte et le mouvement.*

¿No vamos viendo acumularse sobre el búho significados que coinciden todos en ser opuestos al cisne modernista? El modernismo es, en una gran parte, y tal como lo inventa Darío, fiesta de superficies, exaltación de Baco y su licor, tumulto de los sentidos, apología de la luz y del movimiento. Los siglos han ido invistiendo al búho de los atributos opuestos: mirada profunda y desdeñosa de lo superficial, fomentador de la abstinencia y enemigo de excesos orgiásticos, ave de lo oscuro, prudente consejero contra los peligros del movimiento y del tumulto. ¡Felicísima elección la de González Martínez para oponerse al modernismo císnico!

Y hasta el propio Rubén Darío, alma buena, que no oculta sus dudas y flaquezas, presa de todas las tentaciones, y por consiguiente de todos los arrepentimientos, soñó en el búho, y lo quiso. En «Augurios» siente pasar al pájaro minervino, piensa en la diosa, al menos en sus ráfagas de remordimiento y nostalgia:

> Dame tu silencio perenne
> Y tus ojos profundos en la noche
> Y tu tranquilidad ante la muerte.
> Dame tu nocturno imperio
> Y tu sabiduría celeste.

¡Y eso lo demandaba el poeta del día y del canto, el jubiloso quebrantador del silencio, el atormentado por el terror de la Muerte, el eterno ignorante del misterio final! ¿No justifica el mismo Rubén Darío a González Martínez en esta patética llamada al búho? ¿No es ésta una declaración de la insuficiencia del cisne? Pero en todo caso, ello es que ya tenemos aquí los dos pájaros frente a frente; a Leda dando la cara a Atenea. Para mí es muy significativo que las dos aves vuelen hasta la poesía modernista desde la Grecia clásica, que las dos tendencias estén representadas por dos criaturas clásicas; en suma, que, en esta oposición de cisne y búho, no salgamos del ámbito del clasicismo helénico. La lucha es entre dos símbolos pertenecientes ambos al mundo de lo clásico. Y por consiguiente, será indispensable preguntarse cuál de estas aves, o tendencias, encarna con mayor fidelidad el sentido puro del espíritu clásico. Yo, sin duda, me inclino al grupo Atenea-búho-González Martínez.

Los dos clasicismos

Estamos frente a dos modalidades de la gran tradición clásica que se presentan batalla en la arena del modernismo. La del cisne es la de Rubén Darío. Adoración de los cuerpos, mundo de formas marmóreas que se anima de sangre cálida.

> Con aire tal y con ardor tan vivo
> Que a la estatua nacían de repente
> En el muslo viril patas de chivo,
> Y dos cuernos de sátiro en la frente.

Faunalias, bacanales, frenesí dionisíaco, bacantes danzarinas. Ese clasicismo sensualista viene rodando de siglo en siglo, sobre todo en interpretaciones plásticas, desde la estatuaria griega, por la pintura mitológica veneciana, por las carnales versiones de Rubens; y luego se ahíla y disminuye graciosamente en el arte francés del XVIII, en Clodion, en Boucher, en Fragonard. Para mí, el clasicismo helenista de Rubén Darío es mucho más de tradición plástica, pictórica y escultórica, que no literaria ni intelectual. Lo bebe en la versión francesa, tan parcial a ratos, de lo griego visto sólo en su vertiente de goce de la vida por el ejercicio de los sentidos. Bien clara está su confesión:

> Demuestran más encantos y perfidias
> ....
> Las ninfas de Clodión que las de Fidias.
> Verlaine es más que Sócrates; y Arsenio
> Houssaye supera al viejo Anacreonte.
>
> *(Divagación)*

Su temperamento sensual acota en la vasta geografía de lo helénico, donde hay tierras y mares para todos los gustos, las selvas y los bosques por donde retozan ninfas y sátiros en libertad, la isla de Oro de los Centauros, la isla de Citerea de Watteau. Mundo de seres semidioses, semianimales, muy cerca de lo primitivo terrenal, poseídos de todo el ardor de la vida reciente, y, por eso, hermanos en el fondo de la sangre india de Rubén Darío, de su naturaleza de hijo de un continente de selvas sin abrir y sentidos principales.

El clasicismo que propugna González Martínez, por boca del búho, se formula en los versos quinto, sexto y séptimo del soneto. Lo que él aconseja es que las formas y el lenguaje, en vez de vivir sueltas de toda sujeción, vayan «acordes con el ritmo latente de la vida profunda». Su acusación contra la forma císnica del modernismo creo que puede referirse directamente a sus excesivas complacencias en lo puramente formal y verbal; esto es, el preciosismo esteticista y el amor a la palabra y a la rima rica, por su simple calidad sensual. Frente a la poesía en extensión, pide una poesía en intensidad, porque echa de menos en el modernismo la dimensión interior de la vida. Por eso considero su clasicismo como una aspiración integradora hacia un arte completo, expresión de una concepción total de la vida, regida por la facultad supremamente ordenadora, don de Minerva, la inteligencia. Los sentidos no son todo el hombre, lo sensual no puede aspirar a asumir la representación de la vida entera. Gozar es vivir, sí; pero también entender es vivir, y en el ejercicio de la inteligencia, tal como nos es dable admirarle en los *Diálogos* de Platón, por ejemplo, hay una forma incomparable de placer. La lección viva que Grecia sigue dando al mundo con su lengua muerta es, sobre todo, una lección de entender. Una vida que entronice el goce de los sentidos sobre los avisos de la razón será incompleta y desequilibrada. Anticlásica, por consiguiente, y necesitada de una corrección, la corrección del búho. Porque si el cisne goza (cuerpo de Leda), o a lo sumo interroga (cuello enarcado), el búho entiende y responde, por la potencia de su visión inteligente. Y quedan a uno y otro lado los dos grandes poetas americanos, cada cual con su ave familiar y su concepción de la vida. Una, la realidad, traspasada de esencias románticas —sentimiento y sensibilidad como facultades rectoras—, aunque juegue a desnudeces nínfeas y a pliegues de clámide. Y otra, más fiel a la doctrina clásica del equilibrio de las fuerzas humanas, gobernadas por la inteligencia del búho, y siempre en busca de la unidad y entereza del hombre, del necesario acuerdo de las formas y voces del mundo exterior.

> ... con el ritmo latente
> de la vida profunda...

Envío

Tales son algunas de las cuestiones humanas y estéticas que para mí vibran en ese haz de catorce versos. Es ese soneto famoso, piedra miliar de un monumento de crisis de conciencia en la historia de la poesía moderna. Las líneas que anteceden son la prueba de la potencia de sugestión que encierra para un aficionado a la poesía, a su ejercicio, a su historia y a sus problemas. Permítame su autor que se las ofrezca, como homenaje agradecido, en esta buena fecha de la publicación de sus *Obras completas*.

1940.

II

1. Unamuno, autor dramático

Hay en la literatura dramática española dos zonas de producción netamente distintas: la zona de luz y la zona de sombra. De luz pública, se entiende. Dramaturgos como Benavente, los hermanos Alvarez Quintero, Arniches, etc., por una perfecta adecuación, quizá lograda a fuerza de costumbre, entre sus obras y el público más extenso, viven plenamente en la primera de esas zonas. Pero otro grupo de escritores, en ningún caso menos valiosos que ellos, y que en otros géneros de creación artística logran la cima de la difusión y el éxito posible en España, se mueven, sin embargo, en cuanto a su labor dramática se refiere, en una zona de sombra; y sus obras de teatro salen rara y difícilmente de ella para asomarse a la única publicidad cabal para una obra dramática: la representación. Así, Unamuno, Valle-Inclán y Azorín, autores todos ellos de dramas y comedias que sólo al amparo de lo circunstancial, y por breve espacio de tiempo, tuvieron corporeidad escénica. Unamuno ha salido recientemente de esta zona en que la escasez de curiosidad

artística española sujeta a esos autores, con una obra estrenada en el Teatro Español el día 14 de diciembre de 1932,
con gran éxito.

«Misterio» llama don Miguel de Unamuno a su nueva producción. Relumbra la palabra con un cierto viso dudoso; nos
inclinaríamos primero a tomarla en su acepción retórica,
como un calificativo de género dramático que dominó en la
Edad Media, pero no es eso. En Unamuno hay que buscar
siempre, tras de lo culto, lo romanceado. Misterio, aquí,
asume su simple significación vulgar y corriente: «porque
aquí hay un misterio, se le respira con el pecho oprimido»,
tal vez, dice en sus primeras palabras el personaje que
inicia la acción de *El otro*. Drama, pues, de misterio. Pero
no ciertamente de esa categoría de misterio que el teatro de
Maeterlinck puso de moda al comenzar el siglo. El misterio
que por mucho tiempo ha rondado por ese teatro y sus afines
era un misterio hecho de presagios y balbuceos, de sombras
y vaguedades, entre los cuales los personajes no parecían sino
irreales criaturas encargadas pasajeramente de la simbólica
tarea de representar tal o cual idea o sentimiento. El misterio
de Unamuno no es así. Misterio claro, brutalmente claro,
que recuerda el verso de Goethe: *Geheimnisvoll am lichten
Tag*. Misterio brutalmente iluminado por el ansia describidora del autor; misterio de carne y hueso, diríamos, tomándole
una expresión suya. El tema en que se condensa la dramatización de este misterio no es nuevo en Unamuno. En ese
sin par ejemplo de fidelidad a sí mismo, de variación en el
repetirse («¡repetición, sustancia de la dicha!», escribió un
día Unamuno). *El otro* es una forma de hoy de una preocupación muy antigua en el autor. En una de sus primeras
obras, en 1897, *Paz en la guerra*, Unamuno escribe: «... después de haberse batido unos con otros, mucho mejor que
con el moro sentían a la patria y la dulzura de la paternidad
humana. Peleando los unos con los otros habían aprendido
a compadecerse; una gran piedad latía bajo la lucha; sentían
en ésta la solidaridad mutua común y de ella subía al cielo
la compasión fraternal. A trompazos mutuos se crían los
hermanos.» Y más adelante: «... no fuera de ésta (la guerra), sino dentro de ella, en su seno mismo, hay que buscar

la paz; paz en la guerra misma.» Dirá otra vez, en un verso de uno de sus sonetos: «quiero mi paz ganarme con la guerra». Es el eje agonista sobre el cual gira ese atormentado torbellino de la producción unamunesca. Pero estamos mucho más cerca de esta obra de hoy en otra producción intermedia de Unamuno: *Abel Sánchez,* publicada en 1917. Allí, en ese terrible estudio de la envidia, Joaquín escribe en un párrafo de sus confesiones: «... pensaba que acaso un día sus hijos, mis nietos, los hijos de su hijo, sus nietos, al heredar nuestras sangres, se encontrarán con la guerra dentro, con el odio en sí mismos. Pero ¿no es acaso el odio a sí mismo, a la propia sangre, el único remedio contra el odio a los demás? La Escritura dice que en el seno de Rebeca se peleaban ya Esaú y Jacob. ¡Quién sabe si un día no concebirás tú dos mellizos, el uno con mi sangre y el otro con la tuya, y se pelearán y se odiarán ya desde tu seno y antes de salir al aire y a la conciencia! Porque ésta es la tragedia humana, y todo hombre es, como Job, hijo de la contradicción.»

Compárense estas palabras con las que en la escena IV del acto II de *El otro* pronuncia el protagonista: «... los dos mellizos, los que como Esaú y Jacob peleaban ya desde el vientre de su madre, con odio fraternal, con odio que era amor demoníaco, los dos hermanos se encontraron.» Son casi las mismas palabras que nos manifiestan, a través de los años y de los géneros, una idea dominante, soterrada a trechos, pero que aflora en diversas corporeidades, de tiempo en tiempo.

Porque, en efecto, *El otro* es simplemente el cumplirse de aquel vaticinio de Abel Sánchez: «... quién sabe si algún día no concebirás tú dos mellizos y se pelearán y odiarán.» Ya el autor los ha concebido, y su odio y su pelea en acción se llaman *El otro.* Acción breve, condensadísima, rápida. Cosme y Damián son dos hermanos mellizos. Los dos se enamoraron, mucho tiempo antes de empezar la acción, de una misma mujer, Laura. Eran tan parecidos, tan difíciles de distinguir, que ella no podía saber a cuál prefería. La conquistaron los dos, dice; pero se casó, y ésa fue la terrible desgracia, con uno sólo, con Cosme. El otro hermano, Damián, años después, se casa también; durante mucho tiempo

viven alejados ambos matrimonios, pero en el alma de las
dos mujeres está siempre, más o menos sofocada, la imagen
del otro, del hermano con quien no se casaron. Un día, al
regreso de un viaje que hizo ella, Laura, la locura entra en
su casa, en la casa de Cosme y Laura, que es el lugar de la
acción; porque durante la ausencia de ella, Cosme vio entrar
al otro, a su hermano, empezó a vivir hacia atrás, hacia el
pasado, creyendo que se moría, y al retornar a la conciencia
se encontró con su cadáver que tenía enfrente, con un cadáver exactamente igual a él, el suyo. Lo sucedido es que un
hermano ha matado al otro, que en la bodega de la casa está
el cadáver del otro, pero que nadie, ni el superviviente, ni
las mujeres, ni el ama que crió a uno de ellos sabe quién
es el muerto ni puede distinguirle del que queda en vida.
Este que vive renuncia a todo nombre distintivo: «Yo soy
el otro. ¿Cómo hubiera sido posible evitarlo? ¡Pobre Caín!
¡Pobre Caín! Pero también me digo que si Caín no hubiera
dado muerte a Abel, Abel habría matado a Caín. Era fatal.»
Se encuentran las dos mujeres, Damiana y Laura, y en escenas de seca violencia se acusan recíprocamente de haber querido al otro, al que no era suyo; aspiran las dos a afirmar
que el suyo es el que queda. Pero el protagonista les contesta
en una duplicación de su propio caso: «Las dos sois la
otra.» La única prueba que Damiana alega de su mejor derecho es que va a ser madre; pero ¿de quién el hijo? Ese
hijo, de quienquiera que sea, será, como dice el protagonista,
espantosa repetición de sí mismo, «otra vez otro». El protagonista se suicida. O le matan: «Me mata el otro, me mata»,
dice antes de desaparecer. El misterio no se resuelve, no hay
solución pública. El ama expone en sus palabras la solución
íntima: «Yo quiero tanto a Caín como a Abel, al uno tanto
como al otro. Y quiero a Abel como a un posible Caín, como
a un Caín en deseo. Quiero al inocente por lo que sufre
conteniendo dentro de sí al culpable.» Y más adelante:
«Toda muerte es un suicidio: el de Caín. Perdonémonos los
unos a los otros para que Dios nos perdone a todos.»

Ni un personaje, ni una escena, ni una frase de distrac-
ción, ni una sola complacencia en las márgenes de lo puramente dramático. Unamuno concibe su drama con una se-

riedad espiritual absoluta. El mismo reconoce que no corre ni una brisa fresca, ni un hálito de humor, por ese sombrío misterio. Así lo quiso. Todo lo que de este modo puede faltar a la obra de fácil entretenimiento lo gana en densidad, en valor funcional, en eficacia dramática. Pero en esta su brevedad no es difícil traslucir una copiosa acumulación de temas unamunescos. En la historia de Abel Sánchez, la envidia era de un hombre por otro hombre. En *El otro* se intensifica al ser ese hombre el propio hermano, el mellizo. Pero no se crea que es la envidia para Unamuno un tema de estudio psicológico; lo que es, una manifestación vital del gran problema de la personalidad.

El gran poder monológico de la obra de Unamuno se expresa en esta obra con extraordinaria grandeza. «No poder ser solo —dice el personaje—; ésa es la tragedia.» Hay un desdoblamiento de la personalidad en *El otro* que superficialmente podría tomarse por uno de esos a que tan aficionado es el teatro moderno. La diferencia, sin embargo, es muy grande. Casi siempre ese desdoblamiento de la personalidad se usa como un recurso teatral para lograr un efecto. En nuestro caso, ese desdoblamiento es mucho más; es un drama del alma, el drama del alma por excelencia. Trágico desdoblamiento. «¿Quién es el asesino? ¿Quién el asesinado? ¿Quién Caín? ¿Quién Abel?» Así se pregunta el personaje. Y en unas palabras terribles parécenos hallar la espantosa solución del conflicto: «Con odio fraternal, con odio que era amor demoníaco»; esto es, amor y odio trasfundidos, transportados el uno al otro, indiscernibles como los dos hermanos. ¿Amor, pasión positiva? ¿Odio, pasión negativa? No. La tragedia de Unamuno es la tragedia de la pasión pura, es la tragedia de la pasión sin signo.

Enero 1933.

2. Don Juan Tenorio frente a Miguel de Unamuno

Pocos personajes de ficción más fecundos que el inventado ya hace casi tres siglos por Tirso de Molina y al que bautizó con el nombre de Don Juan Tenorio. Desde la centuria de su creación y en progresión siempre creciente, Don Juan ha atraído sobre su misteriosa figura la atención de escritores, de músicos, de pensadores, y el valor humano encerrado en ella ha engrosado tan considerablemente que ha dado en lo ya sobrehumano, en el mito. Don Juan es una de esa media docena de personificaciones en que los hombres condensan una visión del mundo y de la vida.

En este año España añade un número, y muy importante, a la ya larga lista de los Don Juan. Es la nueva versión del Tenorio en la «vieja comedia nueva», como llama don Miguel de Unamuno a su última obra, *El hermano Juan,* o *El mundo es teatro.* Todavía no se ha representado. En el mes de agosto Unamuno dio una lectura comentada de su comedia ante un devoto auditorio juvenil, en el Aula Máxima de la Universidad Internacional de Santander. Hoy aparece impresa. No es posible, pues, juzgarla con la plenitud de criterio que permitiría la prueba de la representación, en la que necesariamente debe desembocar toda obra dramática. Pero bien puede ya señalarse el nuevo sentido que Unamuno da a la figura de Don Juan y la importancia de su interpretación.

Precede a la obra un extenso prólogo en el que Unamuno diserta sobre el personaje. La grandeza de Don Juan, nos dice Unamuno, estriba en que es el personaje más eminentemente teatral, porque está siempre representándose a sí mismo, queriéndose a sí mismo. Al igual que otros dos grandes seres de ficción, Don Quijote y Segismundo, Don Juan se sueña, puesto que soñarse es representarse. Examina don Miguel algunas de las interpretaciones materialistas de Don Juan, de las cuales disiente. Porque para él, Don Juan sigue a las hembras únicamente para jactarse de ello; para asombrar; lo que le gusta es ser mirado, admirado, dejar nombre. ¿Y por qué? Porque el nombre es lo que hace al hombre tal, distinguiéndole de la bestia. Ahora bien: su terrible tragedia no es poder lograrlo, porque el hombre propiamente dicho, cabalmente humano, no es el varón ni la mujer, es la pareja, y Don Juan es siempre el soltero, el solitario. Sus víctimas se enamoran de él por compasión, por una especie de compasión maternal, y si se salva en el drama de Zorrilla, es por la compasión de Doña Inés, por su caridad. Las víctimas de Don Juan son sus hermanas de la Caridad, y por tal razón, en el misterio dramático de Unamuno, estas mujeres aparecen hermanas, y a él, Don Juan, se le denomina «el hermano Juan». El amor de fruto y de continuidad lo da la costumbre, la santa costumbre, de la cual intenta Don Juan arrancar a sus víctimas y en la que él no puede penetrar. En ningún modo es ejemplo de la pura masculinidad, ya que al no sentirse padre es imposible que se sienta hombre pleno. ¿Qué será, pues, Don Juan? Según Unamuno, un medianero, un agente en tercerías; dicho con la clásica palabra española, un alcahuete; por lo general, inconsciente como los abejorros que llevan de flor en flor el polen. Así lo va a presentar en su comedia.

Divídese ésta en tres actos. Comienza el acto primero por

una conversación en un parque público entre Juan e Inés. Juan se da cuenta de que está representándose, de que no puede querer. Aconseja a Inés que se case con su novio, Benito, que será hombre casero, de casa; que le quiera como marido, y a él, Juan, como hermano, como al hermano Juan. Llega en ese instante Benito, que censura acremente a Don Juan por intentar seducir a Inés, y no cree que estaba desengañándola. Nunca puede ser comprendido a derechas. Aparece en este momento Elvira, la otra amante de Don Juan, que viene, dice, a rescatarle. Pero Don Juan continúa como indeciso y entre sueños. Elvira le invita, cuando se marchan Benito e Inés, a que vuelva a la casa donde jugaban de niños, niño le llama, Juanito entre ellas. Y tras una escena en que aparece el Padre Teófilo, que amonesta a Don Juan y le amenaza con el castigo, por fin logra llevárselo, haciendo, como Don Juan le dice, de lazarillo. El segundo acto transcurre en la posada de Renada, en donde están los enamorados. Que empiezan a barajar recuerdos de su infancia y a rememorar sus juegos de chiquillos. Don Juan sigue siempre un poco como abstraído y aparte; sus frases son todas desesperanzadas, mientras que en las de Elvira late el deseo de animación y redención de Don Juan. Como hizo antes con Inés, empieza éste a exhortar a Elvira a que no desdeñe a su pretendiente, el médico Antonio. La escena segunda abre con la presentación de Doña Petra, cuya hija murió de amor por Don Juan. Este acoge las acusaciones y maldiciones de Doña Petra con una suerte de indiferencia, escudándose en que él no sabe nunca lo que hace, en que le traen de zarandillo y no es más que hechura de las mujeres que le quieren. Se presenta entonces Antonio del brazo de Elvira. Antonio, médico psiquiatra, tiene la pretensión de curar a Elvira y Don Juan, y cree que su ciencia lo sabe todo. Las palabras de Antonio presentan a Don Juan frente a su triste realidad. No es ni siquiera un hombre, no es nada, es puro representante. El acto termina, yéndose todos, con un monólogo de Don Juan, en el que se pregunta si existe él, si existe todo, si la vida no es pura comedia, si él es el personaje del público o el de su sueño. Pero aún queda comedia, dice; hay que continuarla. Y camino de ello sale. El acto tercero se desarrolla en un convento, donde Don Juan, convertido ya en el hermano Juan, da lección a unos niños. Después de una larga conversación con el hermano Teófilo, en quien Don Juan cree reconocer a un viejo conocido suyo, Mefistófeles, se presenta una pastora a pedirle que haga el milagro de lograr que su desdeñoso amado la quiera. Van presentándose poco a poco todas las víctimas de Don Juan: Doña Petra, Antonio y Elvira, Inés y Benito. Don Juan, que se siente morir, hace a las dos parejas que se den las manos y se prometan en amor y matrimonio. Al ir a morir, no sabe si existe él, si existe nadie. Su destino, dice, no fue robar amor, sino encenderlo y atizarlo para que otros lo tuvieran. Desde el otro mundo hará su oficio, ser padre de generaciones de hijos ajenos. Exhorta a las dos parejas a que se acostumbren uno a otro, que es más que amarse, y muere. Inés se resiste a creerlo. «Don Juan —dice— es inmortal.» Y el Padre Teófilo contesta: «Como en el teatro.»

Bien se ve al leer la obra que este Tenorio es Don Juan de Don Juanes, que siente en sí mismo oscuras y múltiples ascendencias, lejos, lejísimos, de la impetuosidad inconsciente y brava del Don Juan primero. Es un Don Juan cargado de años; aún más, de siglos; él mismo lo siente. En varios pasajes de la obra se refiere a sus otras vidas: «Creo en mis otras vidas con toda el alma que me queda de ellas.» (Acto III, escena VI.) «Siento sobre mí... los pecados de todas mis encarnaciones precedentes.» (Acto III, escena VI.) En suma, este Don Juan viene a ser, tan cargado está de donjuanismo, el Atlante de su especie, el último de la progenie. «Y ahora en esta su última, mi última encarnación...» (Acto III, escena VI.) Y precisamente por sentirse tan cargado de representaciones es por lo que su mente está obsesionada con el problema tan unamuniano del ser o del representarse. ¿Qué es él? Es careta, tiene mirada de careta, voz de máscara, como le dice Antonio. Siente que está representándose: «Sí, representándome. En este teatro de mundo, cada cual nace condenado a un papel y hay que llenarlo, so pena de vida.» (Acto I, escena I.) No es, le dice Antonio, cínico, sino hipócrita de cinismo, lo finge, lo representa, está engañándose a sí mismo y trabuca su papel. Cuando Antonio le echa en cara que siempre tiene presente al público, le contesta Juan: «De él vivo, en él vivo.» (Acto II, escena V.) Y al final del acto II su monólogo es una interrogación sobre su existir, su ser. «¿... eres el del público? ¿Te sueñas? ¿Te escurres en sueños?» (Acto II, escena VI.) Y no puede ahincarse sino en suelo de madera, en tablas, en teatro, aunque sean «madera de siglos, henchida de recuerdos inmortales». (Acto II, escena VI.) Pero ¿cree siquiera este nuevo Don Juan en el Don Juan eterno? Ciertamente, no. El Don Juan de Unamuno es un escéptico del donjuanismo, no se conoce. «Ni yo acabo de entenderme.» (Acto I, escena I.) Tampoco los demás le entienden. «Que nunca ha de ser comprendido a derechas.» (Acto I, escena II.) No cree en su poder de seducción: él mismo dice que su oficio consiste en ser burlador burlado. Son siempre ellas las que le empujan, le arrastran. No es Don Juan; es, como le dice Elvira, Juanito entre ellas. Y confiesa: «Si yo no sé nunca nada. Si me traen de zarandillo. Si soy su hechura.» Su oficio es dejarse querer. (Acto II, escena II.) Cuando al final del primer acto Elvira le arrastra hacia Renada, le dice: «Guíame en silencio, lazarilla.» (Acto I, escena VI.) La tragedia de este supuesto héroe del amor es precisamente, en la obra de Unamuno, el no poder amar. «Nací condenado a no poder hacer mujer a mujer alguna, ni a mí, hombre.» (Acto I, escena I.) Para que Elvira sea una mujer cabal tiene que aconsejarla que se entregue a Antonio. Este podrá hacerla mujer cabal; él, no. ¿A qué papel queda, pues, reducido su papel de Don Juan? ¿Qué representa este desengañado Tenorio en su seducción? Ya, apenas empezada la comedia, él mismo se califica de galeoto o celestino. El no puede tener hijos; si acaso, su sino será apadrinar. «Aunque —dice— más que padrino me siento madrino; mejor, ¡nodrizo!» (Acto III, escena VIII.) «He sido el padre de generaciones de hijos ajenos y nunca he podido tenerlos propios.» (Acto III, escena IX.) Culmina aquí la concepción del Don Juan de Unamuno. No es éste un ladrón de amores, es más bien un encendedor de ellos para que otros se calienten en su brasa. El atiza un fuego en que no se puede quemar. «Soñando en mí y en palpitantes brazos de otros, concibieron no pocas locas de

amores imposibles. Así se encintaron.» (Acto III, escena IX.)
Y por aquí viene a tocar, como él dice, este personaje nacido
en un pueblo católico, en un siglo profundamente católico,
con un mito pagano, el de Cupido. «Los antiguos... me llamaron Cupido.» Porque, al fin y al cabo, y en eso sí parece
creer Don Juan, por lo que dice en la escena X del último
acto, el Amor es él. Aconseja a Inés y Benito, a Elvira y Antonio, que se acostumbren los unos a los otros, porque eso
es más que amarse. «Amor, no; costumbre.» Así huirían del
peligro que es él; esto es, el amor. El final de su comedia
es irse con ella, con la muerte que ha llevado siempre en
los ojos.

Tal es el nuevo Don Juan que Unamuno lanza al mundo.
Angustiado por preocupaciones de ser o no ser, de su modo
de ser, de su verdad o de su sueño, inclinado atormentada-
mente sobre sí mismo para buscarse su secreto o su belleza,
como Narciso, sin fe en sus poderes de seducción, en los
linderos de la realidad y de la vida, este Don Juan es un
gran personaje unamunesco, es en realidad un nuevo personaje unamunesco, otro ser que camina, acuciado por el
trágico misterio de su personalidad, entre niebla.

Octubre 1934.

3. Las novelas cortas

A los tres años de sus *Tres novelas ejemplares y un prólogo* nos entrega Unamuno en un volumen otras cuatro obras de análoga extensión y carácter. La primera, que da su título al tomo, *San Manuel Bueno, mártir,* se publicó a comienzos de 1931, y era ya conocida y fervorosamente gustada por los devotos del maestro. La última de ellas había aparecido en 1911 en la publicación *El Cuento Semanal,* donde el autor la tenía, según nos dice, olvidada. Las otras dos son inéditas. El volumen, sin embargo, no ha de tomarse como simple yuxtaposición de obras concebidas en tiempos tan distintos y que pudiesen parecer de muy diferente índole. El propio autor nos dice, preguntándose por el fondo común que las une, cómo ha creído encontrarlo en que todos los personajes de estas novelas se hallan espoleados por el mismo problema: el de la personalidad. El cual no es otro que el centro mismo de la obra de don Miguel, su razón de ser como escritor; por donde estas cuatro obras, menores en tamaño, vienen a ajustarse con profunda fidelidad ideológica al resto de la producción unamunesca. ¿Ha hecho acaso Unamuno otra cosa que revolver en esa congoja —así la llama él— de la conciencia de la propia personalidad, sacando de su afanosa tarea ya emplazamientos filosóficos ante la vida, como en sus grandes ensayos; ya destellos líricos, como en sus poemas, o complejidades de psicología humana, como en las novelas? Ese problema central lo ilumina el autor con luces trágicas en unas ocasiones, con altas y tranquilas claridades en otras, como en *El Cristo de Velázquez;* con iluminaciones de soslayo bufotrágicas, como en *Niebla.* Sucede a Unamuno lo que, según él, ha de ocurrir a todo personaje real: que su vida es un querer ser o un querer no ser, lucha, agonía, en suma, de Unamuno, nuestro primer agonista. Acaso una gran obra literaria empujada a la vida desde la más profunda hondura de lo humano no consiste sino en una aspiración a ser. En Unamuno, la furiosa pasión de ser irrumpe igual en la confesión lírica que en las obras de apariencia narrativa o en el comentario literario a los hechos del día. Esta congoja de saber si se es y quién se es y cómo, fue el norte de Don Quijote, de Segismundo, de los grandes caracteres españoles creados.

La primera de estas novelas se presenta como las memorias de una mujer, en lo que tratan de la vida y hechos del cura del pueblo donde ella vivió siempre, la aldea de Valverde de Lucerna, junto al lago de San Martín de Castañeda. Don Manuel es un sacerdote ejemplar, verdadero padre de almas, amparo y curador de todo el pueblo, que acude a la misa sólo por oírle recitar el Credo, por recitarle con él a una sola voz. Pero la constante entrega de don Manuel a la acción hace sospechar a su biógrafa, Angela Carballino, que oculta un huir del pensar ocioso y a solas, un evitar algún pensamiento que le persigue. Su deseo más fervoroso es que el pueblo esté contento, que todos estén contentos de vivir; su deber, vivir para el pueblo y para él morir, salvar su alma con la de todos. Un día retorna de América el hermano de Angela, Lázaro, hombre enriquecido en ultramar y con ribetes de librepensador. Se entabla una especie de lucha sorda entre él y el cura. Lázaro se rinde, acaba por ir a misa, por comulgar. Pero no es el vencido, más bien el vencedor. Por-

que en su trato con don Manuel va descubriendo poco a poco
la terrible verdad. Don Manuel quiere que todos vivan contentos, hay que vivir y dar vida, que sentir la vida; pero
lleva en su fondo una terrible, atormentadora incredulidad
disfrazada en el constante trajín, en la obra incesante. Hay
que hacer que el pueblo viva, aunque sea de ilusión. Y así
se cumple el milagro. Don Manuel muere en olor de santi-
dad, y su heroísmo es el de haber mantenido en la esperanza
de inmortalidad al pueblo entero cuando él no la tenía. O
creía no tenerla, porque, para socavar los cimientos todos
de la certidumbre, Angela piensa que en realidad tanto Lázaro como don Manuel murieron creyendo no creer, «pero
sin creer creerlo». En suma, teniéndose por incrédulos, aunque quizá en el tránsito final se les quebrara esta creencia en
su falta de fe.

La segunda de estas novelas se titula *La novela de don
Sandalio, jugador de ajedrez*. Don Sandalio es un verdadero
fugitivo, es una sombra de ser de las más inquietadoras que
desfilan por el repertorio unamuesco: es el simple, es el
tonto, con su automatismo de vida, de eterno jugador de
ajedrez que comparece regularmente en el Casino, echa su
partida con un adversario que le es indiferente y en el que
no para la atención. Don Sandalio vuelve loco al que le
observa. Ronda por detrás de su aparente inanidad la tragedia del tonto, del hombre vacío, y este personaje del que
no sabemos nada, cuyos hechos humanos fuera de la partida
de ajedrez se nos escapan en impenetrable sombra, es precisamente la posibilidad de todo, es el emblema de la enorme
potencialidad del no ser nada. Así, esta novela es como la
novela de una novela que pudo hacerse; nos deja en umbra-
les, en sospechas, y ese hueco que con tanta maestría sabe
paradójicamente formar Unamuno con su personaje, un personaje vulgar, es una incitación para llenarle con mil contenidos posibles, es una creación incompleta, abierta a todas
las continuaciones.

En la tercera novela, *Un pobre hombre rico*, o el sentimiento cómico de la vida, nos hallamos con Emeterio Alfonso, empleado, soltero y dueño de un capitalito modesto, que
preserva cuidadosamente de todo abuso y hasta de todo uso.

Su cualidad dominante es la de ahorrativo; lo ahorra todo: dinero, trabajo, salud, afectos. Su vida es una constante precaución para no gastarse. Se enamora de Rosita, la hija de doña Tomasa, su patrona. Pero el temor de ser engañado le retrae, y deja que su amada se case con otro huésped de la casa. Al llegar más tarde a una etapa de profunda soledad interior, en que se entrega a extravagancias como la de seguir por la calle a todas las parejas que encuentra, un día da con una muchacha que le recuerda en todo a su amada de otro tiempo, y con razón, porque es hija de ella. La corteja; pero Clotilde, enamorada de un muchacho de su edad, se las arregla de modo que Emeterio se case ahora con su madre, viuda. Así con su dinero podrán vivir los cuatro, porque ella se casa también con el muchacho a quien quería. Viene al mundo un hijo de Rosita, el nietrastito, porque, en efecto, sin tener nada suyo, esta criatura es en realidad el hijo de su amor no consumado a tiempo, el hijo que se ahorró. Porque el problema de su vida no era otro que el aburrimiento de la soledad ahorrativa, el de «no querer hacer el primo» por temor a ser engañado. Tal es «el pobre hombre rico». Esta novela se acerca más a un tipo de bufonada trágica o de tragedia bufa, de que Unamuno ha hablado varias veces y cuya cima en su obra es *Niebla*.

En cambio, la última de estas narraciones, *Una historia de amor,* la más antigua de todas, trasciende al Unamuno romántico, al de *Teresa,* por ejemplo. Ricardo y Liduvina son dos novios de pueblo, dos novios abrumados por la monotonía de un noviazgo pueblerino, que parecen estar velando un sentimiento muerto. Los amoríos se prolongan, y entonces, como recurso galvanizador, los novios deciden una fuga que realizan tristemente también, sin convicción ninguna, por el buen parecer, y que termina con un alicaído retorno a sus respectivas casas a las veinticuatro horas. No volverán ya a reunirse en el mundo. Ricardo entra en una orden religiosa, y en ella logra, por su arte de predicador encendido de pasión y de fervor, fama nacional. Por su parte, Liduvina, que no quiere ya ser de otro hombre, se refugia asimismo en un claustro. Y en la escena final de la obra, un día en que Ricardo, predicador, va a predicar al convento

donde vive Liduvina, se nos revela en las palabras mismas
de su ardiente oración que arrancan detrás de las rejas del
coro un sollozo de inequívoca garganta, la verdad final, y es
que el amor despierta cuando el dolor lo llama, que es pasión
participada, compasión, dolor común, y que ahora, desde que
estaban separados para siempre, es cuando se sentían más
juntos en el destino de amor del amor exaltado en sus soledades fray Ricardo y sor Liduvina.

Unamuno sigue practicando lo que después de *Paz en la
guerra* fue siempre su norma de novelista, como sabemos por
su teoría de la novela, dispersa en distintos prólogos y páginas de sus obras y por su práctica de ella. Novela antirrealista con arreglo al concepto tradicional, exenta de pormeno-
res descriptivos o de precisiones históricas. Decía en *Andanzas y visiones españolas:* «... el que siguiendo mi producción
literaria se haya fijado en mis novelas, excepción hecha de
la primera de ellas en tiempo, de *Paz en la guerra,* habrá
podido observar que rehúyo en ellas las descripciones de
paisajes..., y ello obedece al propósito de dar a mis novelas
la mayor intensidad y el mayor carácter dramático posible.»
Y en el prólogo de las *Tres novelas ejemplares* explica así
su concepto de la gestación de la novela (pág. 21): «Si
quieres crear, lector, por el arte personas, agonistas-trágicos,
cómicos o novelescos, no acumules detalles, no te dediques
a observar exterioridades de los que contigo conviven, sino
trátalos, excítalos si puedes, quiérelos sobre todo, y espera a
que un día —acaso nunca— saquen a la luz y desnuda el
alma de su alma...»

Insiste de nuevo en el prólogo de esta obra en su punto
de vista contrario a la minucia descriptiva, a la acumulación de detalles pasajeros. «Y ahora, tratando de narrar la
oscura y dolorosa congoja cotidiana que atormenta al espíritu
de la carne y al espíritu del hueso de hombres y mujeres de
carne y hueso espirituales, ¿iba a entretenerme en tan hace-
dera tarea de describir revestimientos pasajeros y de puro
viso?» Y así, con arreglo a esa visión de la novela, logra
Unamuno una vez más en este volumen darnos ese tipo de
género novelesco todo nervio y rapidez, novelas que aunque
henchidas de complicaciones y vaivenes íntimos se desarro-

llan rectilíneamente y llegan a nosotros con la precisión y la eficacia de la descarga eléctrica. Unamuno, alma poderosamente cargada de las más profundas pasiones vitales, nos transmite así lo que parece ser base de su representación señera en las letras contemporáneas: una fuerza humana palpitante, anhelosa, que sentimos en nuestro ser y compartimos con angustiosa intensidad.

Y sigue cumpliendo en este volumen, como ayer y siempre, su misión de agitador de conciencias, su augusto papel de intranquilizador.

Agosto 1933.

Significación del esperpento o Valle-Inclán, hijo pródigo del 98

Los escritores que amanecen a la vida literaria con el siglo xx, los *nuevos* de 1900, llevaron durante muchos años como nombre de grupo el de *modernistas*, casi siempre pronunciado con cierto ánimo de remoquete. En él recibieron las zumbas del *Madrid Cómico* y otras revistas satíricas. La denominación abarcaba lo mismo a Unamuno que a Valle-Inclán, a Azorín que a Baroja. Pero desde 1913, año en que escribió Azorín su artículo, luego recogido en *Clásicos y Modernos,* otro flamante rótulo, «generación del 98», comienza a abrirse paso en el uso y en la historia literaria y va desalojando poco a poco al título anterior de *modernistas.*

Nos hemos interesado algunos en distinguir esos dos conceptos dentro de las letras del siglo xx. Yo por mi parte he defendido, siempre que pude, la tesis de que el modernismo es cosa más bien americana que europea, y aplicable más justamente a muchos de los escritores nuevos de las Américas que a los de España. De este deseo de precisar las diferencias entre los dos conceptos de modernismo y 98 se vino a oponer las dos tendencias, con carácter antagónico.

Mi opinión, que creo obligado declarar como trámite previo a todo lo que siga, es que la literatura española del siglo XX sólo puede ser entendida como producto de una conjunción de factores espirituales y estéticos procedentes, unos, del modernismo y, otros, del 98, presentes siempre en cada escritor en grado y proporción variables. Errónea y artificiosa es la tentativa de dividir tajantemente a los autores del nuevo siglo en dos campos cerrados, *Modernismo* y *98,* porque tanto una modalidad como la otra laten en todos y a todos animan. Lo diferencial es pura cuestión de posología: en tal autor la dosis 98 predominará notablemente sobre la modernista; en otro sucederá a la inversa. Si me permitiera imaginar la literatura de nuestro siglo XX como paño de tapiz, la urdimbre sería el modernismo; la trama, el 98; de éste viene lo más recio de la hilaza, mientras que los hilos de oro que realzan el conjunto deben ponerse a cuenta de Modernismo cursado perito en brillanteces.

Me parece que un poco de atención consagrada al *Esperpento* de don Ramón del Valle-Inclán y a su significado ayudarían a comprobar esa tesis.

A nuevos géneros, nuevos nombres

Varios son los escritores modernos, desde el siglo XIX, que se inventan un nombre para aplicarlo a un cierto tipo de sus obras con intención, a veces definitoria, a veces humorística. Ramón de Campoamor, pongo por primer caso, aporta sus *Doloras, Humoradas* y *Pequeños poemas,* explicados en su *Poética* como justas calificaciones para los que él considera nuevos géneros menores. Gustavo Adolfo Bécquer al llamar a sus breves composiciones *Rimas* deseaba apartarse de la significación general de esta palabra, confiriéndola una acepción propia para que desde entonces corriera con su cuño personal, amparando a todas sus poesías. Luego Clarín bautiza a aquellos artículos suyos de crítica, afilados y que pendían como espadas de Damocles de su época, todas las semanas, sobre las atemorizadas cabezas de los escritores, con el nombre de *Paliques.*

En el siglo XX la propensión a nuevos nombres, traslucidora, naturalmente, de los deseos de originalidad y de hallazgos de formas literarias nuevas, tiene ilustres exponentes. Eugenio d'Ors es el bautista y cultivador incansable de la *Glosa*, género epigramático tan dúctil que lo mismo se ha acomodado a lo catalán autonomista que a lo castellano centralizador, a las repúblicas que a las dictaduras. Ramón Gómez de la Serna da primeramente con el *Disparate* y por último se saca de la cabeza el gran invento de las *Greguerías*, que por lo menudas, lo abundantes, lo móviles y lo aguzadas se presentan como la tropa más reputada de insectos volantes literarios, de avispería o de mosquitería poética de nuestras letras. José Moreno Villa inicia en un cierto instante de su poesía las *Carambas*. Y, por fin, en este camino se alza la más tremebunda de las invenciones, el *Esperpento* de Valle-Inclán.

Prehistoria del Esperpento: la estilización en Valle-Inclán

Antes de acceder a la propia historia de este fabuloso ente de sinrazón, el *Esperpento,* conviene encararnos con su prehistoria. Porque la tiene, en la obra de don Ramón misma.

El *Esperpento,* como se verá luego en pormenor, es esencialmente una deformación. Y Valle-Inclán desde que empieza sus más personales escrituras empieza las deformaciones. Amado Alonso dice de él: «Ningún naturalismo, nunca una humilde conformidad con los elementos externos, nada de esas descripciones a la vez artísticas y veraces que pudiéramos llamar fotografía retocada.» Tan sólo le guían, asevera este crítico, los mandatos de su intuición estética. Y le guían por ese camino al que tantos artistas en busca de lo perfecto se han visto impulsados, la vía de la estilización.

Según la definición académica, estilizar es representar algo más que de acuerdo con la naturaleza, con arreglo a un modelo o patrón estilístico. El cual, naturalmente, lo escoge cada autor según sus preferencias: el uno estilizará sobre pautas orientales y a la chinesca; el otro, sobre medievales decha-

dos de miniaturas de libros de rezo. Cuando se avance en la
tan necesaria rectificación de conceptos sobre la literatura
española, podando ideas secas y ramas muertas, y se la vea
con mayor pureza, saltará a la vista que nuestra literatura,
que lleva sus siglos ya padeciendo bajo el peso de una inexo-
rable calificación caracterizadora de realista, abunda tanto o
más que otras en soberbios estilizadores. Góngora, Gracián,
Quevedo, imponen a las apariencias del mundo taumatúrgi-
cas transformaciones y deformaciones, con un patrón estético,
moral o intelectual, según cada caso, pero con idéntico des-
vío hacia la técnica meramente reproductiva del realismo.
En pintura, el Greco está tan inmerso en su sistema defor-
mativo que los médicos, con su atrevimiento para hablar en
nombre de la ciencia que saben sobre el arte que ignoran,
propusieron, como quien dice, mandarlo al psiquiatra, para
que este explicador universal de nuestros días nos aclarara
el porqué de ese pintar tan alongado y convulso del candiota.
Goya, en sus dibujos y en muchas de sus pinturas, hace
fuerza a las proporciones y fisonomías normales del mundo,
y pasa sobre el cadáver del realismo para ver si llega, del
otro lado, a mayores descubrimientos del poder expresivo de
su arte. Valle-Inclán, al darse desde el primer momento a
la estilización, después de una época literaria, embriagada
en la ilusión de la copia fiel, de la reproducción exacta,
aunque se les antoje a algunos un rebelde, un extranjerizado,
tiene su gran linaje hispánico, abonándole, en los siglos atrás.

Por muchos años pone a su estilización el signo de lo aristocrático. Su literatura padece de lo que llamo «el complejo
de las princesas», que es gran recreo de los modernistas,
heredado de las letras francesas del siglo XIX. Tan emprin-
cesados estaban algunos líricos franceses del XIX, tan amar-
telados con reinas, infantinas, archiduquesas y demás feminidad nobiliaria cortesana, que Albert Samain, en un rapto
de humillación lírica, se comparó él mismo su alma a una
infanta en traje de corte. *Mon âme est une infante en robe
de parade.* Por los versos de Rubén Darío salen al mundo
del modernismo, para pasearse por él, como en su propio
solar, tristes princesas de sonatina o marquesas volubles de
fiesta nocturna.

En la primera época de su arte parece que a Valle-Inclán se le hace de menos tratarse literariamente con fémina alguna que no lleve título de condesa para arriba. Su Bradomín lo ejemplifica. El Don Juan primitivo y auténtico no se andaba, en eso de la aventura erótica, con exigentes remilgos: igual apechuga con la duquesa, en corte de Nápoles, que con la pescadora, en arenas de Tarragona. Zorrilla hace decir a su seductor aquello de «Desde la princesa altiva — a la que pesca en ruin barca». Pero el neo-Don Juan, este Don Juan *sintético,* como ahora se dice, de las *Sonatas* no suele permitir el ingreso a su refinada oficina de arte amatoria a moza que no sea ricahembra o no se le presente con carta ejecutoria en mano. Nos revela que le agradaría supremamente haber sido *confesor de princesas.* A lo que se ve, de las princesas hacia abajo no hay dama ni damisela capaz de pecados que halaguen la pervertida curiosidad erótica del marqués de Bradomín. Y aun en eso, la raza decae, porque un antepasado suyo —tal cuenta en la *Sonata de Estío*— se permitía un lujo de conquistador: despreciar princesas. Princesas aztecas, prisioneras.

Efectivismo y barbarie

Tras este carácter definitorio del arte de Valle, la técnica estilizante, usada ahora con signo embellecedor y aristocrático, hallamos en nuestra inquisición de la prehistoria del esperpento otra nota: el efectismo. Valle-Inclán se deleita en estremecer al lector. Cuando con refinados cosquilleos de placer, en busca del famoso «frisson nouveau»; cuando con sacudidas brutales, de terror. Piénsese en el final de la *Sonata de Primavera,* la caída de la niña, y su muerte fatal, y el estribillo trágico «¡Fue Satanás!», que el marqués oye con las manos cubiertas de sangre, sangre salida por su causa. O en la inverosímil escena de la muerte de Concha, de la *Sonata de Invierno,* cuando en el acercamiento de la sensualidad amorosa y el horror de la muerte llega Valle a exigirnos los más dudosos contubernios de la sensibilidad con la truculencia. Todo en busca del efecto violento, pero

repujando tan exageradamente, que se le va de entre las
manos el acierto, y fracasa en su intención de conmovernos.
La aproximación al melodrama, a sus tremebundos resultados
de superficie, a su infantil maquinaria emocional, ponen en
peligro algunas escenas de Valle-Inclán, que son melodrama
para exquisitos, dramones para refinados.

Pasando de las *Sonatas* a otro ciclo de obras, nos encontramos con una nueva designación: *Comedias bárbaras*. Es
un riguroso antecedente del esperpento, un paso más allá
hacia el esperpentismo. Porque, conceptualmente, bárbaro re-
suena a descomunal, enorme o fuera de la norma civil, dis-
paratado, incapaz de emparejarse con nosotros. Cuando Valle
se encariña con lo bárbaro, y echa por esa nueva senda estilizante, se delata como sintiendo ya una urgencia de deformación que en vez de afanarse por las formas liliales sueña
en monstruos. ¡Cómo se le nota a don Ramón en algunos
cuadros de estas comedias que el cuerpo le está pidiendo ya
el esperpento! A este respecto *Divinas palabras* puede su-
marse a las *Comedias,* con su monstruo del carretón, su
tropelista andariego y sus coimas borrachas.

Por los caminos y las praderías gallegas de estas obras,
se dan las últimas acciones de retaguardia entre la gente de
alto abolengo, los degenerados Montenegros —los nobles ya
sin nobleza—, restos desastrados del princesismo, y la nueva
hueste antigua, malatos, bigardos, daifas y otra tropa de mala
vida, que van desahuciando del mundo de Valle-Inclán a
damas y galanes de linaje y le dejan vacante para los peleles
del esperpento. Las princesas lejanas se alejan, se borran.
Eran princesas nunca vistas, y se las imaginaba el bohemio
Valle-Inclán al modo quijotesco, y con el solo punto de partida, en cuanto a sus físicas realidades, que las proporciona-
das por las camareras de cervecería, las floristas y las desga-
rradas cantoneras del Madrid de entonces. Ellas van a ser
ahora, en el esperpento, las que representen la feminidad,
sin más tapujos ni disimulo princesiles, barbianas y maravillosamente mal habladas, en el habla esperpéntica.

La prosa de «acotación escénica»

Ni las *Comedias bárbaras,* ni las restantes obras dramáticas de Valle-Inclán, están inmediatamente destinadas para
la representación. Son para leídas. Y de ahí la importancia
que en ellas asume la acotación escénica. Es ésta, en su acepción pura, nota puesta en el texto de la obra dramática en
que se instruye a los actores sobre el movimiento de personajes y los detalles y servicio de la escena. Si bien están
dentro del drama, en sus páginas, cuando lo leemos, no se
puede decir estrictamente que pertenezcan al texto literario.
Y en la comedia vista en el teatro, dejan de ser, en palabras,
porque se realizan en movimientos, en telones, en cosas.
Quisiera insistir en esa finalidad de la acotación: se escribe,
más que para ser leída, para ser plástica y visualmente reali-
zada; es decir, para ser vista. Extraña, pues, la condición de
las acotaciones: en el teatro de verdad, en el puesto en escena, desaparecen, como conjunto de palabras escritas. Pero en
el teatro leído cobran máxima importancia, porque su papel
es suplir al escenario, erigir ante nuestra imaginación, por
medios puramente verbales, lo que en el otro caso, pintores,
tramoyistas y actores nos plantan ante los ojos.

No puedo sino aludir a este atractivo tema de la acotación
escénica en el teatro moderno, que bien se merece particular
estudio; pero es notoria la tendencia de muchos dramaturgos
a desarrollar la extensión y el propósito de la humilde acotación de antes, unas veces con propósito casi ensayístico,
como en G. B. Shaw; otras para crear no ya escenarios, lo-
cales físicos de la obra, sino ambientes, ámbitos espirituales
y psicológicos donde van a moverse los personajes.

Las *Comedias* y otras producciones dramáticas de Valle-
Inclán que desde el principio parecen conformarse con su
sino de ser obras de lectura, nos ofrecen curiosos ejemplos
de acotación. Rasgo común de las acotaciones valle-inclanes-
cas es la atención y los cuidados literarios que las da el autor.
Don Ramón es artista constante. No descuida nada en lo
que escribe. Y así se da en su obra lo que yo califico de
«literarización» de las acotaciones escénicas, que ya entran en

el texto de la obra, con pleno derecho y dignidades. En algunas de sus farsas sentimentales o grotescas, en verso, *La
marquesa Rosalinda* o *La reina castiza,* el autor prodiga las
decoraciones, las acotaciones de escena, versificadas, y some-
tidas muchas veces a un tratamiento tan esmerado como si
cada una de ellas valiese por un poema independiente. No
habrá antología completa de la poesía de Valle-Inclán que
no adopte algunos de estos poemitas que no están en sus
libros líricos y que hay que espigar por las obras teatrales.

Para mí, el estilo esperpéntico en prosa se halla prefigu-
rado en las indicaciones de escena de las *Comedias bárbaras.*
Desde luego son mucho más que consejos útiles a actores y
escenificadores: son fondos plásticos y espirituales de las
acciones y los diálogos. Y a veces más aún, porque en ellos
se narra brevemente, y sirven de argamasa narrativa traban-
do unas con otras las escenas propiamente dramáticas.

Atropelladamente los tres bigardos salen de la cocina rosmando
amenazas y por el portón del huerto huyen a caballo. La vieja
con la basquiña echada por la cabeza, a modo de capuz, se acurruca
al pie del hogar y comienza a gemir haciendo coro a la querella
de los mendigos. Entra otra criada, una moza negra y casi enana,
con busto de giganta. Tiene la fealdad de un ídolo y parece que
anda sobre las rodillas. Le dicen, por mal nombre, la Rebola.

(Romance de Lobos)

El estilo de acotación escénica está destinado a hacer que
el lector vea —esto es, se imagine— en el acto, por modo
inmediato, vívido, la apariencia o los ademanes de una persona, los detalles de un lugar y sus cosas, o la esencia psico-
lógica de un determinado ambiente. Conviene que sea breve,
enérgico y de gran prontitud de efecto. Como reemplaza a
las decoraciones, a las bambalinas, a las candilejas, por fuerza ha de tomar algo de ellas, y estar hecho de manchones
y colorines, de artimañas cromáticas, brillanteces o tinieblas,
que valgan por la luminotecnia, de apuntes rápidos y cer-
teros del moverse de los personajes. Por estar contenido
dentro de lo principal, el diálogo dramático, no puede per-
mitirse fluencias ni dilaciones excesivas. Y sobre todo, no
tiene por qué entrar en los secretos mecanismos del alma

de los personajes, ya que eso lo dirán ellos, en seguida, con sus frases. Su misión no es lo psicológico ni lo interior, es la presentación evidente del mundo de las formas con algo de ese abultamiento y exageración que ha de tener siempre el telón de teatro o la indumentaria del cómico para que impresione en la distancia de la sala. Cuando se llega a las novelas esperpénticas, el *Tirano Banderas* o *El ruedo ibérico,* nos encontramos con soberbio estilo teatral, en el mejor sentido, escaso en inquisiciones psicológicas y pródigo, caudaloso, en figuras, imágenes y apariencias de la vida. Yo no sé si la verdadera tragedia de los hombres llega a asomar a la obra esperpéntica de Valle-Inclán, pero sí encuentro en ésta soberbias acotaciones de escena del gran teatro del mundo.

La nueva estética del callejón del Gato

De la estética de las princesas pasa Valle-Inclán, según propia declaración, a lo que yo llamo estética de la calle del Gato. Es ésta breve y humilde vía madrileña; para todas las gentes de mi edad barrunto que tendrá, como para mí, regusto singular e incomparable. Estrecha, y despachadera, sirve a modo de atajo o pasaje entre dos calles más principales, la de la Cruz y la de la Gorguera. Exenta de servidumbre de ruedas, transita sólo gente de a pie, que se siente sobre sus losas más segura y en casa, casi en familia. En la pared exterior de un negocio de ferretería instalado en la esquina había hecho colgar el dueño, para lustre y atracción de su tienda, dos espejos de deformación: el uno que estiraba las figuras de los mirantes, ahilándolas cómicamente; el otro que las ensanchaba sin compasión. En un Madrid tan parvo como el de entonces en recreos para la infancia, estos teatros de azogue, donde uno jugaba a su propia farsa, eran sueños de la niñería capitalina y casi, casi atracción fabulosa de la forastera. Yo, entre tantos, piaba porque mi madre o mi niñera me llevaran al callejón del Gato, para que allí, bien tenazada la mano de la acompañante, porque no se podía evitar su chispa de miedo, se nos apareciese nuestra perso-

nilla delicadamente esbelta o engrosada a lo monstruoso,
anticipando así nuestrós sinos de gordos o flacos, y ofreciéndonos un futuro somático que asustaba y daba risa, a la
par. El verse así en grande satisfacía en el ambicioso delirios
de grandeza, y porque en aquellas curvadas superficies se
medraba en un momento, aunque sin gloria, también sin
pena. ¿Cómo iba yo a pensar que en aquellos espejos donde
yo me deportaba inocentemente iba a tomar lecciones de retórica —con preferencia a Longino, a Aristóteles, a Boileau
y a Hermosilla— don Ramón del Valle-Inclán, y que la
calle del Gato era su pública academia del gusto? Pero así
fue y así lo dice en sus *Luces de bohemia.*

Preludio en verso, del esperpento

Si rigurosamente hablando el esperpento empieza con
dicha obra publicada en 1920, a la que por primera vez aplica el título y en donde diserta sobre el sentido nuevo de
la palabra, el principio activo de esa estética, lo *esperpéntico,*
lo encuentro yo formulado literariamente antes, y en verso,
en *La pipa de kif,* salida en 1919.

En la poesía liminar el poeta se interroga sobre su futuro:

> ¿Y cuál sería mi grano incierto?
> ¿Tendré su pan después de muerto?
> ....
> ¿Será cizaña? ¿Será trigo?
> .... ¿Acaso
> la flor del alma de un payaso?
> ¡Pálida flor de la locura
> con normas de literatura!
> ¿Acaso esa musa grotesca
> —ya no digo funambulesca—
> que con sus gritos espasmódicos
> irrita a los viejos retóricos
> y salta, luciendo la pierna,
> no será la musa moderna?

Bradomín se dispone a ser infiel a sus princesas, pálidas
como los lirios o ardientes como la llama. ¡Y con quién!
Con una danzanta, musa grotesca, que alza la pantorrilla

por el aire del cabaret —callados ya los violines de minué y gavota—, excitada por ritmos de musiquilla cancanera. En dos versos se anticipa toda la paradoja estética y el fundamento de lo que viene: locura, pero con normas.

Se recuerden poemas como *Fin de Carnaval*:

> Lloran latinos babeles
> Sombras con capuz.
> Lleva al arroyo rieles
> La taberna en luz.
>
> Juntan su hocico los perros
> En la oscuridad.
> Se lamentan de los yerros
> De la humanidad.
>
> Absurda tarde. Macabra
> Mueca de dolor.
> Se ha puesto el Pata de Cabra
> Mitra de prior.

El cuadrito de Goya *El entierro de la sardina* está aquí proyectado en palabra, vuelto literatura, ya esperpéntica, porque se trae el verso mucho de la atmósfera de trágica fantochada que puso en el lienzo el pintor.

El crimen de Medinica, precioso comento culto y cultista del tan popular romance de ciego de las ferias y mercados, rebosa asimismo calidades esperpénticas:

> Crimen horrible pregona el ciego
> y el cuadro muestra de un pintor lego
> que acaso hubiera placido al Griego.
>
> Abren la puerta brazos armados.
> Fieros puñales son levantados,
> quinqué y mesilla medio volcados.
>
> Azul de Prusia son las figuras
> y de albayalde las caladuras
> de los ladrones. Goyas a oscuras.

¿Sería abusivo llamar a este poemita, dividido por cierto en escenas a modo dramático, un esperpento compendiado y en verso? Y se apoya mi presunción, cuando se lee en él mencionados, los nombres de dos grandes deformadores de la pintura hispana, de dos enormes esperpentistas plásticos: el uno a lo divino, el Greco; el otro a lo humano y hasta a lo diabólico, Goya.

La situación esperpéntica

Van apareciendo situaciones de esperpento, estilo de esperpento, antes de que surja ante nosotros el organismo entero. En su citado excelente estudio sobre Valle escribe Amado Alonso: «Lo más característico, esto es, lo más *estilo*, en nuestro autor es provocar en sus personajes actitudes y escenas de dignidad plástica, que más que a realidades naturales se refieren a creaciones artísticas conocidas o posibles.» Esta propensión, sin duda heredada de la escuela gala del arte por el arte, y de sus resonancias en Rubén Darío, sufre en el esperpento un genial viraje de sentido. Porque en él personas, ademanes, escenas, aspiran furiosamente, con *furia esperpéntica*, a ser modelos de indignidad plástica. ¿Acaso no se trata de una verdadera operación de rebajamiento de la humana dignidad, de indignificación, esa de retorcer las figuras, contorsionar las actitudes, poner muecas donde hay caras, pintarrajear las delicadas coloraciones del mundo? Cuando nos reímos de nuestra imagen devuelta por un espejo cóncavo, ¿es que no abdicamos por un momento de toda pretensión a nuestra dignidad corporal, y ésa es la causa de la risa precisamente? A la situación de dignidad plástica de Bradomín en los salones de la princesa Gaetani o en la corte carlista se oponen las piruetas y retorcimientos de los seres de esperpento, ya en las *Comedias,* en *Divinas palabras* y en *La pipa de kif*.

Pero el arte de Valle, aunque vaya cambiando de signo en su propósito y ahora eche hacia los antípodas, seguirá siempre con la constante apoyatura mental en esas creaciones artísticas conocidas, a que alude Amado Alonso con su exacto calificativo de «reestilización». Sólo que sus modelos dejaron de ser primitivos sieneses, doncellas de Botticelli, tropeles virginales de Dante Gabriel Rossetti. Y ahora se le van los

ojos, en busca de aleccionamiento para sus criaturas de palabra, detrás de las extrañas crianzas del Bosco, de Brueghel,
del Greco, de Goya y, hasta quién sabe —y esto es mucho
peor—, del mismo Zuloaga.

Aparición y teoría del esperpento

Luces de bohemia. Esta es la primera de sus obras a la
que cuelga Valle-Inclán el sensacional título. Y por boca de
sus dos personajes principales, el poeta Max y el parásito
Don Latino, apunta la doctrina del género recién nacido:

MAX: Don Latino de Hispalis..., grotesco personaje, te inmortaliza-
ré en una novela.
DON LATINO: Una tragedia, Max.
MAX: La tragedia nuestra no es tragedia.
DON LATINO: Pues algo será.
MAX: El Esperpento.

Pocas veces nos es dado asistir tan a lo vivo al advenimiento de un género nuevo. Desde este instante hay que
añadir a las acepciones que daba el diccionario de la palabra
—una, persona o cosa notable por fealdad o mala traza, y
otra, desatino o absurdo— esta tercera. El vocablo entra en
la historia literaria, a codearse con nobles y viejos congéne-
res, y para designar una clase particular de obra dramática,
en la que concurran de algún modo esos atributos que tenía
la voz, de antiguo: lo feo y de mala estampa, lo desatinado
y absurdo.

Luego, como si Max quisiera ilustrarnos hasta sobre los
orígenes históricos del flamante género, dice: «El esperpentismo lo ha inventado Goya. Los héroes clásicos han ido a
pasearse por el callejón del Gato.» Aunque Don Latino no
parece que le toma muy en serio, prosigue el viejo poeta
explicando su invento: «Los héroes clásicos reflejados en
los espejos cóncavos dan el Esperpento. El sentido trágico
de la vida española sólo puede darse con una estética sistemáticamente deformada.» Y termina esta declaración de de-
rechos del Esperpento y Carta Magna del esperpentismo con

más significativas aclaraciones: «Las imágenes más bellas en un espejo cóncavo son absurdas. Pero la deformación deja de serlo cuando está sometida a una matemática perfecta. Mi estética actual es transformar con matemática de espejo cóncavo las normas clásicas. Hay que deformar la expresión en el mismo espejo que nos deforma las caras y toda la vida miserable de España.»

Se allega aquí Valle-Inclán a ese caudal de artistas desesperados, de intelectuales desilusionadores del mundo —Ramón Gómez de la Serna con su teoría de que hay que dejarlo todo bien deshecho, es hoy día su más escandaloso y constante paladín—, que aunque tenga visos de muy moderna, han podido los españoles beber en lo clásico, en su barroco del XVII, en Quevedo y Gracián. Es como un desencanto de las princesas y de las formas clásicas, desengaño de su pasado literario, que aunque estaba bien teñido de decadentismo, no desviaba la vista de la clasicidad, de esos dioses de la paganía que siempre adoró, entre rezo y rezo cristiano. Notorio también otro motivo de desesperación: España, su vida miserable y deformada, a la que tiene por caricatura ridícula de la vida europea. Pero no hay que llevar el recocimiento de esa actitud desesperada más allá de donde cumple, como lo lleva Ramón en su libro. La desesperación es el fondo de motivaciones psicológicas de donde nace el nuevo arte de Valle-Inclán, nada más.

Porque si bien se mira, el esperpento, en cuanto a técnica, consiste en una curiosa operación de ambigüedad. Es cierto que nos entrega al mundo y a los hombres sistemáticamente deformados y se encarniza en desequilibrar y sacar de quicio —es decir, de sus normas— a las figuras clásicas, a los personajes trágicos. Pero ya nos decía el autor que ese trabajo de deformación ha de ir ajustado a una matemática perfecta. ¿Y qué puede significar eso sino una serie o cuerpo de módulos y reglas, con sus principios implícitos; esto es, un orden aplicado sobre el desorden? Esa matemática se propone, por misión estética un poco paradójica y no menos ardua, que el horror del deformar cause admiración por el arte maravilloso con que se realiza. Locura, mas con normas, como tenía dicho. Monstruos quizá, pero obras de *un* arte, hechuras de arte y, por consiguiente, de belleza. Así, serenos, nobles, los tremendos adefesios velazqueños de tres siglos antes.

Tal artista será un desilusionado del mundo y de sus prójimos, pero nunca el desesperado total, porque le queda una fe en las potencias del arte, la cual le empuja a la obra esperpéntica con todo su afán de escritor. Fe de la mejor ley, ya que se manifiesta en obra y en obras.

Hay que entregarse a un expolio de princesas y señorías, despojarles de sus atavíos falaces y sus caretas de embeleso, de modo que quede al aire, desnuda, la fealdad. Eso quiere decir, a mi juicio, lo de llevar a los héroes clásicos frente a los espejos de la calle del Gato. Pero estas criaturas, feas en su triste realidad, pueden redimirse de su feo ser natural, de su desgracia de nacimiento, al pasar a la suprema categoría de criaturas de arte y ficciones de la palabra. La vida, que parece haber sido condenada por el artista —al verla tan deforme y horrorosa— a destino infernal, es ascendida, salvada precisamente al trascribir estéticamente sus horrores al cielo de la perenne hermosura.

Veo así en el esperpento de Valle-Inclán un ejemplo más de la concepción y la creación artística como psicomaquia, o lucha de vicio y virtud, el mismo drama de la vida del hombre, en cuya alma se pelean el bien y el mal. En estas singulares obras que se enzarzan a brazo partido lo feo y su contrario, que es el que gana.

Divinidad del verbo

El agente nunca en reposo de estas milagrosas trapacerías del esperpento está ya designado por Valle en el título de su «tragedia de aldea», en poco anterior a los esperpentos, *Divinas palabras*. El final de esa obra es una dramatización impresionante de la fuerza salvadora de unos latines litúrgicos, y misteriosos para el pueblo, fuera de la iglesia. Obras de la divinidad, y autoras ellas de divinidades, fueron siempre las palabras para el poeta. «Ambicioné que mi verbo fuese como un cristal claro, misterioso, luz y fortaleza...

Y años enteros trabajé con la voluntad de un asceta, dolor y gozo, para darles emoción de estrellas, de fontanas, de yerbas frescas... Me torturé por sentir el estremecimiento natal de cada una, como si no hubieran existido antes y se guardase en mí la posibilidad de hacerlas nacer.» *(La lámpara maravillosa.)* En esa pasión acrisolada por la palabra y sus poderes ultralógicos, inexplicablemente creadores, está la raíz poética de toda la literatura de Valle-Inclán.

Vendrá la nueva época de las figuras amamarrachadas, de las escenas horripilantes; pero la obra de don Ramón es ahora, tanto o más que en los años princesiles, creación de esteticista, sueño de poeta, alquimia de palabras. El que crea, como yo, que la literatura, en su altísimo punto, es un procedimiento de objetivar, con ánimo de salvación perdurable, las experiencias humanas mediante un uso especial, o sea un arte, del lenguaje, de las palabras, verá la supremacía de una obra no derivada capitalmente del asunto o tema dado por la experiencia y sí del acierto de la operación subjetivante o poetizadora, fuente de la hermosura. Opinión, después de todo, achacable a Perogrullo, porque lo que viene a decir es que el valor de una obra de arte está en serlo de verdad; en ser una producción o creación del arte, diferenciada netamente de los productos naturales. Quien desee más ilustraciones compare una expendeduría de frutas y verduras con un lienzo de pared lleno de naturalezas muertas de Cézanne, pongo por pintor.

Por eso, a despecho de la grima que dan sus agonistas convulsionados y risibles, es el esperpento creación bella. Acumulación de exageraciones, meneos de espantajo, parlamentos incrustados de palabrotas, y con todo, en el ajuste final de cuentas, extraña y segura belleza.

La clave de la hermosura de los esperpentos la encontré donde menos lo esperaba, en esta frase de un poeta que no es ciertamente de la familia de Valle, Shelley, que ocurre en su *Defence of Poetry:* «La poesía es un espejo que hermosea lo deformado.» Juego entonces el esperpento de dos espejos, espejo contra espejo. El de la calle del Gato muda al hombre que se le pone delante en monstruo; pero si a este espejo con su figura de espantajo, a la que queda re-

bajado lo humano, se le mira a su vez en el otro, en el espejo de la poesía —la poesía dramática de Valle-Inclán—,
el monstruo en su reflejo segundo se transmuta en criatura
de arte, en ser de pulcritud casi divina. Definición estética
final del esperpento: el arte de oponer al espejo en que
todo se ve horrible —el del callejón del Gato—, el espejo
en que hasta lo más horrible se mira hermoso, el de Shelley.

Expansión y sentido total del esperpento

Indudablemente está en la voluntad primera de su autor
el aplicar el nombre nuevo sólo a un género especial de sus
obras dramáticas, teatro tragigrotesco, con asunto y personas
de la vida moderna de España, y con escenarios y habla de
traza aparentemente vulgar y realista. (Eso es lo que engaña
a Gómez de la Serna cuando califica al lenguaje del esperpento de «esperpento arrabalero», sin fijarse en que entronca
con antepasados tan señores como el habla de *La Celestina*
y sus secuaces.) También se sobreentiende de las palabras de
Max y Don Latino que el esperpento es una nueva técnica
que se le ocurre a Valle. ¿Sospecharía don Ramón que este
género se iba a hacer el amo de su literatura y que estaba
llamado a señorear toda su obra desde 1920?

Porque el esperpento no se quedó confinado al tipo de
obras dramáticas a que dio nombre. Es más que un género,
es más que un estilo y una técnica: es una nueva visión de
la realidad humana. Valle-Inclán se ha encontrado con un
nuevo enfoque de la realidad; doquiera que lo aplique se
vivirá en un *medio,* un ámbito vital distinto, y todo lo que
entre en la luz ésta, en el aire éste de la nueva atmósfera
—cosas, personas, hechos—, habrá de regirse por otras leyes,
las leyes de lo esperpéntico, disparatadas y descomunales,
pero leyes al fin y al cabo, tan severas y obligatorias como
las de antes, dura matemática, normas de la locura. Así, lo
que salga de ahora en adelante de la imaginación valleincla-
nesca y pase por su pluma, novela, poesía, teatro, saldrá a
existir y a crecer en ese nuevo espacio físico del riguroso
disparate, y será, si no esperpento, por lo menos esperpén-

tico. Todo esperpento el arte de don Ramón, porque el mundo entero es ya, para él, puro esperpento.

No hay que volver sobre la poesía, ya que en *La pipa de kif* sentimos acercarse los pasos del fenómeno, que estaba para llegar. En este librito todo es caprichoso y encaprichado, caprichos del Pata de Cabra, *Caprichos* de Goya, encaprichando a don Ramón para los suyos.

Su teatro poético, antes complacido en recrearse con versallerías, como *Cuento de abril* y *La marquesa Rosalinda,* se esperpentiza de cabo a rabo en una obra, situada en una corte y un palacio también, pero donde la gracia y la nobleza andan grotescamente revesadas: la *Farsa y licencia de la reina castiza.* Parece como si él mismo hubiera descrito lo sucedido, en esta farsa, en la *decoración* en verso con que la preludia:

> En verde y rosa una floresta
> de jardines y surtidores.
> Los violines de la orquesta
> hacen papel de ruiseñores.

Hasta ahora seguimos en el «aire suave», el rubeniano, de las princesas, y dentro de él, aún, se inicia la segunda estrofa:

> Cala la luna los follajes
> y albea el palacio real,

para acabar con una funambulesca sorpresa:

> que, acrobático, en los mirajes
> del lago, da un salto mortal.

Eso es lo que pasa en todo lo esperpéntico. El palacio cortesano con todas sus exquisiteces, da un salto mortal; y mortal de verdad. La pompa se desfigura en acrobacia, y los modos de la corte, en ridícula o divertida acción circense. Los personajes, por augustos que sean, hacen volatines, y, entre burlas contorsionadas y chocarrerías, todos, del rey abajo —depuesta la dignidad y las dignidades—, actúan como muñecos apayasados. ¿Qué más burlería y fisga que la que llevan encima las gentes de la farsa, antes ya de abrir la boca, en sus nombres? Don Gargarabete, el general Tragatundas, Mari-Morena, Lucero del Alba. La operación de degradamiento, propia de lo esperpéntico, se ceba en la soberana, a la cual este gran especialista en adjetivaciones que es don Ramón, llama *repolluda,* entre otras lindezas. «La gran comadre», uno de los motes con que corre por la obra, dice al gran preboste, echándole en cara su falta de malicia:

> ¡Y tú eres el gatera, el de pestaña,
> el que las ve venir! ¡Valiente primo!
> ¡Mira que haberte dado esa castaña!

Habla de rompe y rasga, de chula bravía de Lavapiés, nada indigna del gran artista del género, López Silva. ¿Pero cómo no va a quedar la realeza de la reina en ridículo, si hasta la realeza astral, el rey astro, el sol, sale también en la farsa, reducido a las dimensiones de una pelota extraviada sobre las pardas tejas del caserío madrileño, al final de la obra?

> Y en el reino de Babia de la reina castiza
> rueda por los tejados la pelota del sol.

La novela esperpéntica

Tirano Banderas y *El ruedo ibérico,* las dos obras novelescas de Valle-Inclán después del 1920, son aplicaciones a la narración novelesca de la nueva concepción cósmica del esperpento.

Tirano Banderas es apoteosis caricaturesca y sangrienta del desdichado tipo histórico del generalote o el generalito que a las primeras de cambio se alza, con su espadón, contra cualquier clase de libertad civil y que mucho ha castigado a las repúblicas hispanoamericanas, aunque no tanto como a la antigua madre patria. Fanfarrioso y finchado —fiel a la tradición del *miles gloriosus*—, este siniestro personaje se pasea obsesivamente por muchas páginas de los libros de Valle. El Tragatundas, que en la *Farsa y licencia de la reina castiza* sale a escena, amenazando con sacar las pistolas de las pistoleras, y diciendo:

> ¡A mí los demagogos proletarios!
> Uno por uno me los escabecho
> y que haga la prensa comentarios,

es uno de los primeros en esa galería de variantes del mismo tipo, el militar sublevado que no guarda fidelidad más que a su persistencia en quebrantar los prestados juramentos de fidelidad.

En *Tirano Banderas* se le coloca en un ambiente ricamente exótico, de exotismo mixto y mixtificado, que, sin embargo, da una impresión verdadera de realidad, y siendo utópico recuerda muchos lugares de la tierra americana. Lo que en verdad ha estilizado aquí Valle con su patrón esperpéntico son unas Indias, una América trágicamente ciertas.

El héroe epónimo se describe desde su presentación bajo especie de esperpento:

El generalito acababa de llegar con algunos batallones de indios después de haber fusilado a los insurrectos de Zamalpoa. Inmóvil y taciturno, agaritado de perfil en una remota ventana, atento al relevo de la guardia en la campa barcina del convento parece una calavera con antiparras negras y corbatín de clérigo. Tirano Banderas en la remota ventana era siempre el garabato de un lechuzo.

Esta descripción encaja en su totalidad de visión en el cosmos esperpéntico. Y se asimila al esperpento hasta en un detalle estilístico. El tirano, nos dice Valle, que aparenta el «garabato de un lechuzo». Y en *Los cuernos de don Friolera* se designa a doña Tadea, la beata de pueblo, con palabras idénticas: «el garabato de su silueta», primero; luego, «su cabeza de lechuza». En la introducción a la tercera escena, «en el claro de luna el garabato de su sombra tiene reminiscencias de vulpeja». Un poco más allá, «pega a la reja su perfil de lechuza». Garabato es vocablo muy apto para la deformación grotesca de lo humano, en sus referencias a algo metálico, retorcido y ganchudo. Su empleo común en la novela y en la farsa revelan el idéntico modo de ver, el idéntico instrumento de estilizar, la identidad de atmósfera —lo esperpéntico—, que todo lo modela parejamente, por encima de las diferencias de los géneros.

Atendamos a una descripción del libro tercero del *Tirano*:

Sobre el resplandor de las aceras gritos de vendedores ambulantes; zigzag de nubios limpiabotas; bandejas tintineantes que portan en alto los mozos de los bares americanos; vistosa ondulación de niñas mulatas con la vieja de rebocillo al flanco. Formas, sombras, se multiplican trenzándose, promoviendo la caliginosa y alucinante vibración oriental que resumen el opio y la marihuana.

Es una técnica de gran telón de fondo. Estilo de acotación escénica realizado por medio de frases cortadas, que van situando cada elemento plástico del telón en su sitio, hasta que por fin, de su acción conjunta, salga completa la impresión del ámbito escénico en que se moverán los actores. Pero la acotación escénica se queda ya, por decirlo así, sola, se hace independiente y es trozo descriptivo que se salió de la obra dramática dentro de la acción novelesca.

El libro tercero de la tercera parte lo llama Valle «Guiñol dramático». El título va bien a toda la novela; es otro modo de aludir al esperpento, a la conjunción del pelele, grotesco trasunto del hombre, y a la tragedia, sino humano.

La concepción visual del remate de la novela rezuma reminiscencias de cartel de ciego, romanzón de feria y tablado de títeres. El tirano, visto que ya no tiene escapatoria, se entra en la recámara de su hija loca, saca un puñal y, ante las empavorecidas mucamas, apuñala a la infeliz, hasta quince veces, teniéndola sujeta por los cabellos para mayor seguridad y como suele pintarse en los carteles de feria. Y luego se asoma por postrera vez al gran tablado del mundo, es decir, sale a la ventana, buscándose una muerte esperpénticamente espectacular, y muere acribillado a balazos, fantoche de tragedia, delante de todos, víctima de una justicia divina cumplida con truculenta y chillona escenografía.

En algunos de los lances del Méjico de la niña Chole había ya sus presentimientos de esperpento, como si la exageración climática y natural que son los trópicos empujara hacia él. Pero ese ambiente exótico del Méjico de la sonata se construye en torno a una princesa india y una aventura erótica refinada. Y el Méjico de ahora (Méjico es lo más tópico de esta utopía del *Tirano*) tiene por figura central a un sátrapa de cuartel, negador de toda nobleza, y los escalofríos, que en la *Sonata* nos estremecían con equívoca sen-

sación de gozo y dolor, se tornan aquí espeluznos, terrores,
porque proceden de la bárbara y elemental crueldad, y no
ya de una sensualidad alquitaradamente depravada.

Ruedo y teatro

El ruedo ibérico prometía ser la cima de todo el arte valle-
inclanesco. En él tocamos con el uso más amplio y efectivo
de la visión esperpéntica. Nace el esperpento como obra de
teatro, como espectáculo. ¿No será de notar que el ruedo,
el anillo donde lidian toro y toreros, es también lugar de
espectáculo, escenario de posible tragedia? ¿No autoriza eso
a pensar que el gran tema ibérico está concebido como espectáculo y, según veremos, a lo esperpento?

Porque ¿quién es la criatura de esperpento, ahora, en esta
forma narrativa? ¿Un tirano sanguinario de las Américas,
un grupo de militares y chulos madrileños? No, toda España, la España de una época. El esperpento ha tomado tierra
y fecha, carta de ciudadanía, en España; y lugar cronológico,
los «amenes isabelinos», o sea las postrimerías del reinado
de Isabel II, ya usada a recibir flagelaciones de Valle-Inclán
—recuérdese la farsa— en sus rotundas carnalidades.

En este vasto mural de España el esperpento soslaya todo
lo que toca. En lo más alto, el palacio con fondos de Guadarrama, la Soberana, entre un cura y una monja, «abre la
pompa de su regazo» y «esperando la hora del Rosario cele-
bra secreta merendona de compota y chocolate con el padre
confesor y la Monja de las Llagas». «El soconusco en la
espiritual compañía de aquellas santificadas personas era un
regalo del cielo.» Ya tenemos a la Señora, enredada en los
hilos de la beatería, la intriga cortesana y la abdominia.
Poco más tarde, dejadas esas espirituales personas y envuelta
en peinador de lazos, recibirá en su alcoba al Pollo Real,
el favorito de turno que se emplea a su manera en el servicio
de la Reina. Queda ya así descendida a la categoría de esperpento moral la más alta dama de las Españas.

Si nos saltamos ahora Madrid y sus alrededores, hasta ir
a caer en un característico pueblo de La Mancha, Solana del

Maestre, se nos designará el pueblo como «un ancho villar
de moros renegados, y sus fiestas, un alarde berebere, pól-
vora y hartazgo, vino y puñaladas..., polvo de trillas y mos-
cas tabaneras». Es uno de esos mismos pueblos tratados con
todas las delicadezas de su amor y su estilo por Azorín; pero
aquí se le mira al bies del esperpento, degradado por la
tremenda visión desengañadora.

La gran institución política del siglo XIX, el Parlamento,
sale él también malparado, tanto como la reina y los villo-
rrios. «Uniformes y cruces, levitas y calvas. El conde de San
Luis dormita en la presidencia. Velan a los costados, anacró-
nicos bigardones con porras de plata y dalmáticas de teatro...» Cuando habla el jefe del Gobierno le corean risas
y protestas. El presidente, recordado por el bullicio, «rompe
una campanilla y aquietado el jollín vuelve a dormitar
solemnemente». Un secretario lee y nadie se entera. «Los
señores diputados desvalijan sus pupitres de plumas, de papel
y de obleas.» Y en la tribuna el pueblo, o el público, se
aburre.

No menos esperpénticas se ven las festividades. En la noche de gala del Teatro de los Bufos, lo bufonesco se corre
a toda la sala. Un espectador notable es un cristobalón de
patillas, «un fantoche revolucionario». En un palco se lucen
cinco señoritas, «cinco adefesios». Generala hay que ostenta,
orgullosa, falsas pedrerías, y una duquesa hace pasar por pelo
a su peluca. Hay «un fantasmón de sombrero con plumas
y capa blanca», grande del reino. Los elegantes de la corte
son, uno «cetrino y jaque», y otro «rubiales» y con el pár-
pado caído. Todo termina con estrépito de cancán y luces
de bengala.

Si los militares mandones son, en palabra esperpéntica,
«la parranda de Marte» que, con tufos de amenaza, recorre
las calles esparciendo olor alcanforado, porque sus gloriosos
uniformes se pasan los años muertos en el armario, defen-
diéndose contra la polilla, tampoco logra más gloria otra
clase muy distante, los toreros. En el poblachón manchego
aguardan la hora del sacrificio en una buhardilla, vestidos
sus precarios trajes de luces, «sudados oropeles famélicos»,
y fuman, «resignados con estoica cobardía al escarnio, al

hambre y a la muerte». Así quedan sopapeados, zaheridos desde la indumentaria a la moral, dos héroes clásicos, el mílite y el taurario, cuando los sacude sin compasión la visión esperpéntica de la calle del Gato.

No hay excepción. Ni siquiera la del mayor héroe nacional de verdad, Cervantes. Porque mirado al bies esperpéntico, tal como lo representa esa estatuilla que tiene alzada en Madrid al otro lado del Congreso de los Diputados, dice Valle «que hace un punto de baile, en calzas prietas, ante el Templo de las Leyes».

Todo lo abigarrado de esa España, sus cabos de riqueza y pobretería, su entrevero de mugre y colorismo, de bambolla y desgarro, está vuelto lenguaje descriptivo, de ese de «acotación escénica». Aquí se dan las mayores alturas que alcanzó Valle en punto a plasticidad, a policromía, a la audacia de uso de toda. clase de elementos pintorescos, superando milagrosamente la vulgaridad del cromo a fuerza de usar sin tasa, pero con genial tino, el chafarrinón, el tizne, la estridencia y las pinceladas de brocha gorda. Quisiera señalar entre las magistrales páginas de este ciclo la soberbia descripción de la tarde de toros en *Viva mi dueño,* aquel gentío que va a la plaza, a la corrida regia, encabezada por los monarcas —en su carretela, entre caballerizos y palafrenes—, desbordado por las aceras, mientras que, aprovechones, «alcahuetas y cesantes, pícaros y bohemios, ciegos y lisiados con donaires y lástimas, dan tientos a la bolsa ajena». Todo un pueblo, todo lo que le representa, de la reina a la chulapona, corre jacarero jubiloso, despreocupado inconsciente, desatado hacia sucesivos desastres: la Revolución, Sagunto, el 98. La abundancia y el regocijo del color realza trágicamente la potencia expresiva de este gran telón de las postrimerías.

Ideas, espectros

Porque del vórtice de todo este guirigay y tremolina del esperpento, ya dramático, ya novelesco, sale algo más que una impresión estética. Surgen descarnados y pálidos, fantasmas intelectuales alzados entre tanta copia de sensualidad, los conceptos del 98, el complejo de la decadencia española. Esa es la significación histórica del esperpento. Y su España, vista a tuertas, es la España que les armó el *desastre* en la cabeza a los preocupados de 1900, es la España del 98.

Valle-Inclán acabó por donde sus hermanos de grupo tenían empezado: «Cuánto me regocijaré el día en que abra un libro nuevo del señor Valle-Inclán sin tropezar con princesas rubias que hilan en ruecas de cristal, ni ladrones gloriosos, ni inútiles incestos.» Eso escribía en 1905 un novicio entonces de las letras, llamado luego a sus cimas, Ortega y Gasset. Y añadía que si algún día le era dable leer ese libro hipotético de Valle se exclamaría: «He aquí que don Ramón del Valle-Inclán se deja de bernardinas y nos cuenta cosas *humanas, harto humanas,* en su estilo noble de escritor bien nacido.» Humanísimas, tan extremosamente humanas por lo bajo que dan en el monstruo, son las gestas del esperpento novelesco. Detrás de este magno conjunto de su obra, que forman ensamblados, poemas, novelas y farsas esperpénticas —tremebunda barraca de feria a cuya puerta el segundo manco inmortal se desgañita voceando la entrada al gran esperpento nacional y sus fenómenos—, está el sentir del 98.

España, tragedia y agonía

Luces de bohemia descubre lo esperpéntico, pero sólo en su inicio. Por el momento no se va más allá de la tragedia de un pobre escritor bohemio, que puede valer por la tragicomedia de aquel grupo subversivo de modernistas de principios del siglo. Pero en el diálogo de Max y Don Latino, que se transcribió en lo esencial, la nueva visión y la nueva técnica esperpénticas se nos daban unidos a conceptos de mucho más alcance y valor, a saber: el sentido trágico de la vida española, la vida miserable de España, la consideración de España como una caricatura de la civilización europea.

Todos conocen al que fue cabeza de esas ideas: el gran pensador, grandísimo sentidor de España, Unamuno. La distinción u oposición Europa-España y el atormentado análisis del sentimiento trágico de la vida en los hombres *y en los pueblos,* él las lanza y de allí las recoge para volverla a lanzar con más ardor que nadie a la conciencia española. Y el que pasaba, y con razón, por caudillo del bando opuesto, de los modernistas exquisitos, resguardados de lo español y sus tragedias por las grandes vidrieras de colores de su arte preciosista, Valle-Inclán, resulta que se siente un día herido por el famoso dolor de España. De la herida lo que brota es el esperpento; y sus tipos son héroes grotescos de la angustia por España.

Se le puede definir, históricamente, como un desesperado modo literario de sentir lo español del presente, so capa de retrospección, *El ruedo ibérico,* unas veces, o claramente puesto en su día, *La hija del capitán,* otras. Dice el señor Fernández Almagro en su libro sobre Valle-Inclán que se encuentran «pasajes en *El ruedo ibérico* escritos con el ánimo predispuesto al comentario de lo presente, confundiéndose los *amenes* del reinado de Isabel II con los del de Alfonso XIII». Yo creo que, en efecto, lo que a don Ramón le desengaña de la reina del general Narváez es el Alfonso XIII de Primo de Rivera. Y así, *La corte de los milagros* y *Viva mi dueño* proyectan históricamente hacia lo pasado un dolor coetáneo de Valle, y cabría titularlos, mirados en lo conceptual, «los orígenes del 98» o «los polvos de estos lodos». En aquella corte de monarcas degenerados, politicastros farolones y generales de charrasco y cuartelazo se perfilan todos los desengaños históricos que le aguardan a España; Valle cuenta las cosas de la reina Isabel con un fuego satírico harto vivo para gastarlo en cosas del pasado, porque en realidad está viendo en ellas ensayo y precurso del presente. En algún esperpento, *La hija del capitán,* hasta llegó a ver otro desengaño más: el fracaso de la obra regeneradora de los hombres del 98, puesto que las obvias alusiones a Primo de Rivera y su rebelión y al rey Alfonso significan que España sigue doliente del mismo morbo. Que al igual que en la España isabelina, militarotes, beatas, hampa, siguen moviendo los hilos del gran tablado nacional. Las alucinadas figuras de peleles de los esperpentos pueden leerse, a despecho de su violenta plasticidad y carácter, como alegorías deformadas de los males de España.

Vuelta final

Hora es ya de atar cabos y volver adonde se empezó, al juego de los dos factores, *Modernismo* y *98*, en la literatura contemporánea. Lo modernista se señala particularmente por su preocupación estética; el 98 tiene por cimiento psicológico la posición dubitativa, crítica ante España. Pues bien: la significación del esperpento está en haber traído al Modernismo, corporeizado en una personalidad que se crió, perfeccionó e hizo célebre en sus aulas, al servicio del 98, sin renegar de su modo de ser, sino llevándolo a modo de afluente, a seguir viviendo, dentro del caudal total del 98, para su mayor honra y riqueza.

Despeño del nefelibata

Más de veinte años vivió Valle en los paraísos artificiales del modernismo, presumiendo de hollar nubes exquisitas, producto de la gran liquidación del decadentismo europeo, y dándoselas de nefelibata contento, como su gran amigo Rubén, mientras cantoneaba con tacones torcidos por las calles, callejuelas y callejas que tiene Madrid. Pero un día se cae del nido, del nido de sus nubes, y va a parar en medio de sus compañeros de generación; es decir, en medio de la preocupación de España. Y el magnífico despreocupado de las *Sonatas* se convierte en uno más de ellos.

Uno más en el sentir, dolorido y acerbo; en la preocupación, que ya no le abandona en su arte, de lo español. Pero, como cada uno es cada uno, este hombre, tan otro ahora en su relación con la patria y sus congojas, es el mismo, invariable y diamantino, en su arte. No hay mengua en su amor a las virtudes secretas de la palabra, en la fe absoluta de que para un poeta sólo su camino de la palabra lleva a todas las Romas. Otro Ramón de viso, Gómez de la Serna,

en su libro, riquísimo en atinos y atisbos, sobre Valle-Inclán,
dice una cosa, de las muy pocas en que con él difiero, al
tratar del esperpento: «Se veía el desengaño de las divinas
palabras... Ha roto con una tradición de orfebre para lan-
zarse a un esperanto arrabalero y genial.» No. Rompió con
sus adoradas y adoradoras de ayer, testas coronadas, princi-
palías del mundo, exotismos, depravadas exquisiteces de ex-
tranjis. Pero se abrazó, más estrechamente que nunca, a las
divinas palabras, que por eso le correspondieron ahora con
más grandes favores que nunca. Jamás ha sido tan orfebre;
lo que ocurre es que ahora no emplea su diligencia en pre-
cocería, en obrillas chicas de filigrana, sino en soberbias piezas, patenas, y hasta custodias, de barroca superficie repujada
y gran golpe de pedrería. Más aún: como ya se dijo antes,
las palabras son el áncora de salvación a que se ase, la única
en el gran naufragio esperpéntico de las cosas. Era poeta,
y el poeta sólo puede romper con las palabras divinas cuando le expiran las últimas humanas en los labios, a la hora
de la muerte.

El hijo pródigo, y aclaración final del espejo

Si las tachas de la vida española son la ramplonería, la
venalidad, la ignorancia, el soldadote entrometido, como se
aparece a algunos, desde Larra hasta los críticos del 98,
¿qué mejor castigo de esas plagas que deformar a sus autores, exponerlos en su fantochesca verdad, ante el espejo del
esperpento? Y entonces resultará que el espejo deformador
no es un ingenio para hacer reír y sí una máquina de mo-
ralidad, un artilugio de desenmascarar que, aplicado a los
culpables, les arroje a la pública vergüenza, sentenciados al
escarnio. Lo esperpéntico es modo de escarmiento. Y su
autor, que lucía antes cínicamente entre princesas sus alar-
deos de amoralidad, profesó de moralista, el gran moralista
del modernismo. Extraño moralizador sin sermón ni sentencias, tanto que casi nadie le nota que lo es, que sus fantoches
obran de ramales de disciplina; y el mundo del esperpento

es —otro cuadro tremebundo de las Animas— gesticulante aviso, y enseñanza de extraviados.

Emparentado por su manquedad con Cervantes, hermano por los espejuelos de Quevedo, es también su hermano menor en esperpentismo y furia ética. Su obra, que parecía tan poco española, tan galicista, se puede mirar ahora, desde que descubre el esperpento, enhilada con la de los auténticos grandes de España: Quevedo, Velázquez, Goya. Quevedo, castigador feroz, autor de un estilo denigratorio y flagelante; Velázquez, pintor de infantas, igual que de enanos, dando a cada cual la misma perfección; Goya, caído de los tapices a los disparates.

Por el esperpento ingresa Valle-Inclán en el 98, en España, en la mejor tradición, en el santo ruedo ibérico. Desengañado de martelos con las princesas de similor, vuelve, hijo pródigo del 98, al solar paterno, a su patria, a sus angustias, a la gran tragedia de España. Allí le tendrán acogido como hermano por siempre Azorín el asceta, Machado el estoico y Unamuno, el condenado por desconfiado a la eterna gloria.

Valle-Inclán visto por sus coetáneos

(Recortes de prensa)

Don Ramón del Valle-Inclán, «don Ramón», como se le llamaba familiarmente por sus amigos y admiradores y casi por media España, ha muerto en su Galicia natal, en Santiago de Compostela, el 5 de enero de 1936. La obra de Valle-Inclán no ha logrado todavía el estudio detenido y profundo que se merece. Aun dentro de la relativa escasez crítica sobre los grandes escritores de la generación de 1898, Valle-Inclán ha sido el más desafortunado de todos ellos. Existen algunos libros sobre Benavente, Azorín, Unamuno y Baroja, y aunque ninguno de ellos pueda ofrecerse como modelo magistral ni estudio completo de su tema, son siempre útiles desde el punto de vista informativo. Sobre Valle-Inclán únicamente tenemos algunos artículos ocasionales y unos pocos ensayos dispersos, entre los que sobresalen los de Azaña, Casares y Madariaga. El triste acaecimiento de su muerte ha despertado en España un sincero duelo general. En la prensa diaria han aparecido juicios y opiniones de casi todos los escritores españoles contemporáneos. Bien se sabe que las críticas y valoraciones emitidas con ocasión de la muerte de un escritor están sujetas, más que ningunas otras, al imperio de la circunstancia, con todos sus riesgos y aventuras. Son opiniones de ocasión, transidas todas por el tono sentimental del momento. Pero, de cualquier modo, ofrecen un tema de juicio, un estado de opinión sobre el autor, que conviene recoger en espera de obras ulteriores más extensas y meditadas, que Valle-Inclán se merece como el primero. Por eso nos proponemos dar a los lectores de esta revista una síntesis de lo que sobre Valle-Inclán se ha escrito en esta ocasión, refiriéndose especialmente a los juicios de sus grandes coetáneos, de los escritores que con él formaron el grupo denominado «Generación del 98».

Jacinto Benavente ha expuesto sus opiniones sobre Valle-Inclán en una entrevista periodística publicada en *La Voz* el 8 de enero. Recuerda la amistad que les unió a la llegada de Valle-Inclán a Madrid, y que durante mucho tiempo fue cotidiana, con frecuentación de las mismas tertulias. Para Benavente, era Valle-Inclán «un extraordinario temperamento de autor dramático. Ninguna de sus obras ha tenido larga duración en los carteles ni un éxito popular. Pero era un gran autor dramático». Señala entre sus condiciones de carácter el gusto refinado, la sensibilidad exquisita y, muy particularmente, una que parece contradecir a la versión corriente: y es su timidez. «Creo que era un tímido en el fondo. Todas sus baladronadas, todas sus valentías, eran una superposición a su verdadero carácter. Yo creo que lo hacía para darse mayores ánimos, así como quien canta para olvidar penas.» Timidez que no obsta a otras dos prendas de su temperamento: la valentía y la firmeza. «Todo un carácter.»

Baroja y Azorín opinan brevemente en la encuesta publicada en la revista *Estampa* el día 11 de enero. Baroja evoca sus recuerdos de hace veinticinco años, la estrechez de vida material de Valle-Inclán, la pobreza de su morada, «una casa de bohemia negra», y su carácter violento. Azorín recuerda su llegada a Madrid, el fracaso de su primer libro publicado en la corte, *Epitalamio*, que no quisieron en ninguna librería. Estaba entonces, literariamente hablando, rodeado de príncipes exóticos d'annunzianos, de los que se libró luego, porque en realidad «Valle trae un fondo sarcástico que viene desde el Arcipreste de Hita».

Ramiro de Maeztu publica en *A B C* (día 8 de enero) un denso artículo sobre Valle-Inclán. Tenemos que ver en él una personalidad, una obra y una influencia. «La persona era esencialmente la de un inmenso actor... a quien el mundo entero servía de escenario. Valle había de ser el amo del minuto en donde se encontrase.» Dice Maeztu que cuando se conoció en España el estupendo personaje de Rostand, Cyrano de Bergerac, no llamó la atención tanto como se esperaba en el grupo literario, porque Valle-Inclán tenía más valor, más ingenio e inverecundia. Tal fuerza de carácter latía en Valle-Inclán, que Maeztu está seguro de «que ni en París, ni en Berlín, ni en Londres, ni en Nueva York, se ha visto en los tiempos modernos nada semejante a Valle-Inclán». En cuanto a su obra, Maeztu se refiere a dos épocas. La primera es la producida hasta 1905. Las *Sonatas* son su mejor ejemplo. La llama «preciosista» y cree que «no pasa de ser un ensamblaje de ejercicios de estilo». La segunda, representada por los *Esperpentos*, es moralmente la peor, pero la mejor desde un punto de vista vital. Según Maeztu, la vida irregular, azarosa, de Valle-Inclán le fue infundiendo una concepción del mundo pintoresca y descarada, de pícaro, que encuentra su fórmula perfecta en el esperpento. «Es el aspecto negativo del mundo, el baile visto por un sordo, la religión examinada por un escéptico.» Y, no obstante, aquí es donde puso más parte de su alma. En cuanto a la influencia de Valle-Inclán sobre la literatura moderna, consiste en «el desdén que Valle mostraba hacia la preocupación por el asunto en la obra literaria, su exclusivismo formalista, su afirmación incansable de que lo esencial en literatura es el estilo». Maeztu, en desacuerdo con muchas de estas afirmaciones, reconoce «que, a partir de Valle-Inclán, los escritores se cuidan de la manera de escribir más de lo que antes era usual». Y resume su visión diciéndonos que, tanto para bien como para mal, ha sido Valle el Góngora de nuestro tiempo.

Miguel de Unamuno (artículo publicado en *Ahora* el 29 de enero) discurre sobre «El habla de Valle-Inclán» con sobria lucidez interpretativa. Partiendo de una de sus ideas favoritas, Unamuno se pregunta si no fue Valle-Inclán todavía más actor que autor. Fue el actor de sí mismo, «vivió, esto es, se hizo, en escena. Su vida más que sueño fue farándula». Y ayudado por su extraordinaria capacidad de memoria pudo vivir muchos papeles, aunque mezclándolos y confundiéndolos entre sí con los lugares y los tiempos. «El hizo de todo muy seriamente una gran farsa.» También se hizo su habla. El término «habla» es, según Unamuno, más exacto al referirse a la obra poética de un conversador, de un orador, como Valle-Inclán, que lengua. Este habla es a la vez idioma, propiedad y dialecto, lenguaje conversacional, coloquial. Así nos lo explica Unamuno: «Valle-Inclán se hizo con la materia del lenguaje de su pueblo y de los pueblos con que convivió una propiedad, idioma, suya, un lenguaje personal e individual. Y como le servía en su vida cotidiana, en su conversación, era su dialecto, la lengua de sus diálogos.» A lo largo de su carrera va recogiendo lo galaico, lo castellano, acude al caudal popular de todos los pueblos de España y de la América de habla española. Este habla no era lírica ni épica, sino dramática, a trechos tragicómica. Carecía de intimidad lírica y grandilocuencia épica, «lengua de escenario, y no pocas veces de escenario callejero. ¡Cómo estalla en sus *Esperpentos!*» Este lenguaje de Valle-Inclán no se caracterizaba por su precisión. Todo dependía de que las palabras le sonaran o no le sonaran. Y conforme al son, les daba un sentido. Recuerda, aun siendo tan diferentes, por sus arabescos a Quevedo, aunque Valle-Inclán es conceptuoso, pero no conceptista. El artículo se cierra con una visión de Valle-Inclán que está briosamente «dictando desde el Finisterre hispánico o tal vez desde la Compostela de Prisciliano..., por encima de la mar que une y separa a ambos mundos, un habla imperial, idiomática y dialectal, individual y universal».

Manuel Bueno, que, como se sabe, fue el causante de la manquedad de Valle-Inclán, explica en la encuesta de *Estampa* merced a qué desdichada circunstancia dio a Valle-Inclán el golpe por que hubieron de cortarle el brazo. Y en un artículo aparecido en algunos diarios de provincias señala como característica de su personalidad literaria la posesión

de la forma. Pero esta posesión no se lograba espontánea
y sencillamente. Valle-Inclán no era un escritor fácil y su
labor era lenta y premiosa. Habría que clasificarle entre los
románticos, «con quienes le unen la pasión de la libertad
sin trabas y la indiferencia por los dogmas morales corrientes». No llegó a entrar por completo en la novela con el
dominio del género de un Balzac o de un Dickens. Fue un
gran prosista más que un gran novelista.

El poeta Juan Ramón Jiménez, en un folletón de *El Sol,*
26 de enero, titulado «Ramón del Valle-Inclán», nos ofrece,
en un largo retrato personal y de época, de los más lumi-
nosos y ricos que han salido de su pluma de retratista lírico,
y entre algunas justas apreciaciones críticas, una visión histórica y poética de Valle-Inclán insuperable. Es primero
el Valle (entonces se le llamaba así simplemente, Valle)
de 1899, sorprendido en un café de Madrid recitando versos de Rubén Darío. Aquí entrevemos, como no los había-
mos visto hasta ahora, a esos dos grandes protagonistas de
la generación del 98. «Rubén Darío, saqué negro y negro
sombrero de media copa, totalidad estropeada, soñolienta,
perdida. Valle, pantalón negro y blanco a cuadros, levita
café y sombrero humo de tubo, deslucido todo. Rubén Darío
estalla sus galas con brillo; a Valle, la gala opaca, funeral,
le sobra y le cae por todas partes.» Y al salir de aquel café,
en otro, casa de Candela, «Valle se sienta en la mesa final,
saca un número de *Alrededor del Mundo,* revista que publica cuadros clásicos en sus portadas; lo pone sobre una bo-
tella de agua y se queda absorto, inefablemente sonreído,
ante *La Primavera* de Botticelli», rodeado de las camareras
sirvientes del local. Más adelante le vemos visitando a Juan
Ramón Jiménez, entusiasmado en la recitación de versos de
Espronceda, y asombrando con sus gritos y su figura a las
monjitas del sanatorio donde descansaba Juan Ramón. Y se
nos presenta por última vez, ya muchos años más tarde, en
la plenitud de su arte y de su vida, visto en su casa, «en un
sofá de damasco, alto, de tres respaldos, con los huesos de
las piernas en ángulo agudo y los pies en los cojines de seda
del suelo… Sobre un mueble bajo, *La bella desconocida,*
escayola policroma, y cara al sofá, el retrato de Valle pintado

por Nieto». Todavía sigue, a pesar de que él no lo crea, siendo d'annunziano, dentro de una corriente que hasta en el detalle decorativo «ata en España a Valle, Miró, Pérez de Ayala y Ricardo León en un haz disímil de calidad, pero de idéntica tendencia retórica». Para Juan Ramón, Valle-Inclán era un celta. Cabe compararle más justamente que con George Moore con Synge y Yeats. Con el primero en la prosa, con el segundo en el verso. Y Galicia libró a Valle-Inclán del modernismo exotista, lo mismo que hizo Irlanda con sus dos poetas, y del modernismo castellanista. Nada de hombre de ideas. «Era un esteta gráfico de arranque popular.» Hombre ignorante y fatal, caminaba «sólo con su instinto y su lengua». Y por eso «dio con su instinto mucho más de lo que nadie pudiera prever. Su lengua fue llama, martillo, yema y cincel de lo ignoto, todo revuelto sin saber él mismo por qué ni cómo. Una lengua suprema hecha hombre, un hombre hecho con su lengua fabla». Y lo mismo que Unamuno piensa Juan Ramón Jiménez: que intentó «un habla total española» con giros y modismos de las regiones más ásperas y agudas de España y con hispanoamericanismos. Todo el que haya conocido a Valle-Inclán en plena embriaguez de su charla, de su fabulosa disertación, le reconocerá ascendido a una espléndida categoría de estilización lírica en estas palabras con que termina el retrato de Juan Ramón Jiménez: «Y al final de su perorata policroma, musical, plástica, había siempre una frase dinámica, ascensional, de espesa cauda de oro vivo, que subía, subía, subía, entre el coreo y el vítor generales y daba en lo más alto de su poder un estallido final, el trueno gordo, como un gran punto redondo, áureo y rojo un instante, negro luego y desvanecido en lo más negro. Valle-Inclán se quedaba abajo enjuto, oscuro, ahumado, en punta a su frase, como un árbol al que un incendio le ha volado la copa, un espantapájaros con rostro de viento, como el castillo quemado de los fuegos de artificio.»

Enero 1936.

«La juventud perdida», de Pío Baroja

Pío Baroja nos da con esta novela el primer volumen de una serie que titula, con título altamente significativo, «La juventud perdida». Este primer tomo nos sugeriría, con el nombre que lleva —*Las noches del Buen Retiro*—, la idea de que nos hallamos frente a una novela de tipo histórico y costumbrista. Comienza a despertarse desde hace algún tiempo un marcado interés literario por los comienzos del siglo xx. Aunque sólo nos separan de ellos treinta y tantos años, la rapidez del curso histórico de nuestros días presta ya a ese momento un tinte de lejanía y de encanto histórico. ¿Será la novela de Baroja, parece sugerirnos la enunciación de su título, uno de esos intentos de evocación medio humorístico, medio sentimental, de unos años que se presentan con visos románticos? El libro del novelista vasco responde, sí, en cierto modo, a ese impulso de volver a traer a la vida horas, ambientes y personas que fueron, que hemos visto y que, sin embargo, están ya detrás de su acaecida muerte, convertidas como en espectro de nuestra propia existencia.

Hay en él una resurrección de la vida madrileña de hacia 1900. Los jardines del Buen Retiro, poblados de animadas tertulias, nuevo mentidero cortesano, donde cada día tiene su tema de murmuración y donde se rinde culto a la música italiana, a la curiosidad social y a las intrigas amorosas; el paseo del Retiro en las tardes de otoño, brillando al sol correajes, aceros y cristales, lleno de trenes de lujo, de landós, de cabriolés, con jinetes y amazonas cabalgando por una avenida lateral; la función del Teatro Real, con asistencia de la corte y de la gran sociedad madrileña, allá en aquellos tiempos del wagnerismo, cuando se debate en el *foyer* la recta pronunciación del nombre de *Wagner* y de *Tannhauser;* éstos y más cuadros bien pueden pasar por sobrios y exactos grabados de época, trazados con la firmeza seca de las descripciones barojescas. También, como algo que nos suena a modas de entonces, cruzan el libro temas y conversaciones de lances de honor, de duelos, de casas de juego, de periódicos, de escándalos políticos. Pero todo esto, por cierto que sea, no es sino la atmósfera de una típica novela barojiana. Su protagonista es un escritor, Jaime Thierry, educado en Francia y los Estados Unidos y que cae en la corte en los momentos en que se fragua un nuevo espíritu literario y en que zumban por el ambiente esas nociones de la lucha por la vida, del superhombre, entonces últimas novedades de los intelectuales. Jaime Thierry es un hombre débil de voluntad, de una ambición vaga y ardiente. Comienza a hacer ensayos periodísticos, aunque sin conceder ninguna íntima estima a sus obras. En las tertulias del Buen Retiro, a las que concurre, anuda un amorío con una señorita burguesa, pero pronto se desvía a una relación de otro tipo. Un duelo que da mucho que hablar en Madrid por el valor y la decisión de Jaime Thierry le conquista la simpatía, primero, y el amor, después, de la marquesa de Villacarrillo. Las relaciones del artista y la aristócrata, tras un breve período de serenidad, se hacen tormentosas. Ella es un temperamento práctico, frío, sin imaginación, equilibrado. El, dogmático, impetuoso, desigual. Poco a poco la disparidad de temperamento se acentúa. Jaime sigue totalmente enamorado, a pesar de conocer los defectos de Concha; es el suyo un estado de desolado escepticismo interior y de desprecio a las gentes y a las cosas. Se convierte en director de un periódico de baja clase, dedicado a atacar a personalidades de la aristocracia y de la política. Concha se va apartando de él cada vez más, se reconcilia con su marido, y Jaime Thierry, después de unos cuantos desesperados intentos para distraerse de su fracaso de la vida, que tal categoría ha cobrado en él su desengaño amoroso, se deja rendir poco a poco a la enfermedad que le consume, retirado en el pintoresco hotelito donde habita y entre las gentes del pueblo y de buen corazón que le acompañan en sus últimos momentos.

Tales son la anécdota y el protagonista. Este es el típico protagonista barojiano; diríamos más, el protagonista de aquella primera fase de la vida española del siglo XX que se engloba bajo la denominación de «generación del 98». En una u otra forma, igual en *Camino de perfección* que en *El árbol de la ciencia,* este personaje de Baroja es el hombre que quiere luchar indisciplinadamente por una vida cuyo sentido y finalidad apenas entrevé y que acaba por caer rendido, muerto, en la contienda. En este héroe de época, visiones y ambiciones no faltan. Tampoco falta una forma externa de actividad, eso que Baroja llama acción y que considera como el nervio de la vida. Pero todo se quiebra por un defecto de continuidad en el hacer, de fe en los objetivos, por un tremendo fracaso de la voluntad. Estos personajes, un día, de pronto, se vacían, caen a un lado del camino, muerta en ellos la primera y última de las voluntades, la de vivir. Dice Jaime Thierry en el período final de su enfermedad: «Ya no me importa morirme. No tengo nada que hacer aquí.» Y otra vez discutiendo con su médico: «Aunque me arreglara usted el cuerpo y pudiera usted restaurarlo para que viviera unos meses o unos años, yo no sabría qué hacer. Soy como un muñeco al que se le ha roto el resorte.» Es el personaje de doble vagabundismo barojiano: el vagabundo espiritual que va de tumbo en tumbo a través de las ideas y el vagabundo material que azota infatigablemente los caminos de la tierra. Las novelas de Baroja son una gran exposición de fracasos vitales, de vidas despilfarradas. En esta última, a través de Jaime Thierry habla ese

inútil héroe que inventó Baroja y que también es presa de
la actitud que, por un momento no más, fue característica
de la generación del 98. Hoy, en 1934, se repite esa concepción de la vida sin objeto, ese juicio sobre la existencia
del individuo, que Baroja plasmaba en *El árbol de la cien-*
cia, en adjetivos como «turbia», «dolorosa», «indominable».
«La nieve, tan blanca y tan pura, se había convertido en
una cosa negra, amarillenta y sucia. Así había pasado en su
vida, pensó Thierry.»

Personaje e intriga están, conforme a la costumbre de
Baroja, entretejidos en la atmósfera total de la novela. Siempre sucede en las novelas del escritor vasco que el protagonista, la acción principal, en vez de destacarse en un primer
término inequívocamente, asoman, desaparecen, se enredan
con mil acciones y tipos secundarios, de suerte que no asu-
men jamás caracteres heroicos o excepcionales. El protagonista y el asunto de una novela de Baroja se diría que son
tales por casualidad, que les ha tocado a ellos, como podría
haberles correspondido a otros cualesquiera, ese papel. De
ahí la sensación de veracidad, de humildad realista, que late
siempre en la novela de Baroja. Y en ésta, como en otras,
los tipos y los hechos secundarios son de extraordinaria riqueza y variedad. En medios aristocráticos y burgueses, en
las clases bajas, Baroja capta existencias y fisonomías extrañas, pintorescas y singulares. *Las noches del Buen Retiro*
añaden a esa galería de personajes barojianos, que acaso sea
la más numerosa de toda nuestra literatura, un sumario valio-
sísimo de tipos observados. En el prólogo a las *Páginas es-*
cogidas dice Baroja, hablando de su arte, que él suele inven-
tar el personaje principal y tomar, en cambio, los restantes
de la realidad. Cierto parece ser esto en lo que respecta a
Jaime Thierry, héroe intelectual del 98; pero no se admite
tan fácilmente que Baroja haya visto en la vida tantos y
tantos personajes raros y extravagantes, personajes singulares
e inconfundibles. También en los personajes secundarios de
Baroja sentimos, frente a aquella afirmación del autor, una
poderosa vena de inventiva menor y se nos asemejan, ellos
también, invención en un sentido estricto, hallazgo. No sa-

bemos cómo continuará la serie de «La juventud perdida»;
pero este certero título y el primer personaje, Jaime Thierry,
son de un alcance muy superior al puramente epigramático.
Flota por toda la novela un aire de elegía, de melancólico
comentario a cosas no sólo muertas, sino que fracasaron en
su vida. «La juventud perdida» vale como un signo de época.

Enero 1934.

Del «género chico» a la tragedia grotesca: Carlos Arniches

Quien echase una ojeada a una nómina completa de los autores dramáticos contemporáneos, conquistadores y usufructuarios del favor público y de la fama literaria, advertiría bien pronto en ella dos sectores netamente distintos. No es la calidad artística, no es el género cultivado, lo que pudiera servir de frontera a las dos zonas aludidas, no. Es lo que llamaríamos el origen de los autores. Destino inevitable del teatro, tal y como lo formula la organización social moderna, es el traer a conciliación y acuerdo dos entes tan dispares y remotos como el artista, el creador de valores, que, como todo lo vitalmente artístico, se anticipa a su época, salta sobre ella mirando a lo por venir, y el público, condensador de costumbres y de tradición, defensor de un presente todo cargado de adherencias de lo que pasó. Una representación teatral lograda, una obra dramática digna de éxito, supone el salvar unas distancias inconmensurables: la renuncia, por parte de los dos elementos humanos que en ella se afrontan, a una buena parte de sus atributos respectivos, en un afán mutuo de coincidir, de comprenderse. En ningún género literario se muestra con tan aterradora pujanza la fuerza de un criterio de masa, derivado de ese ensanchamiento inconmensurable que la noción «público» viene sufriendo desde el romanticismo y la enseñanza obligatoria. Hay dos procedimientos para encararse con esa masa, que es el público. Uno, halagarle los gustos hechos, adular sus opiniones sabidas, y en este caso el autor abdicará de su posición, se saldrá de su terreno, perdiendo así toda la ventaja de la altura, siendo uno más entre el público, uno menos entre los creadores. Otro, imponerle genialmente gustos nuevos; mejor dicho, adivinar en la entraña de ese alma del público unos gustos latentes, no formulados, que sirvan de material con que el artista construye su mundo, y dárselos, hechos palabra y vida, de modo que el público sienta en la novedad que se le lanza no otra cosa que una nueva forma fresca e inédita de vivir. Cierto que estas dos posiciones señaladas son dos posiciones extremas, teóricas —menos teórica la primera, por desgracia—, entre las cuales se mueven la mayoría de los autores. Y que, dada la organización material de los teatros hoy día, la adopción de la primera es cosa arriesgada y poco frecuente, mientras que se da mucho el caso de una especie de hipocresía forzosa que el autor se impone para adueñarse con las armas más fáciles y usaderas del gusto popular, guardando la intención secreta de encaminar luego ese gusto por caminos más altaneros. Es el tipo del autor dramático «que se crece», que se presenta en el mundo del teatro con la talla mínima exigible en literatura, y lentamente va afirmándose y desarrollando una estatura artística latente y poco sospechada. No sabemos si no sería ése el caso de Carlos Arniches en nuestro teatro contemporáneo. Los autores dramáticos contemporáneos proceden de dos zonas: una, puramente literaria, la zona de las letras puras: son los que apelaron a la forma dramática para expresar por otro modo una personalidad literaria ya apuntada o formada en otros campos. Así, un Benavente (antes de su primera obra de teatro ha publicado un tomo de poesías y otro de cartas); así, un Unamuno, un Valle-Inclán o un Azorín. Otros proceden de la zona de los productores teatrales

directos, de los proveedores de primera línea del repertorio
que exige vorazmente el teatro moderno. Con toda reserva
respecto a lo aproximativo y condicional de tales rótulos, podríamos llamarlos «los cultos» y «los populares». Arniches
no procede precisamente de las letras puras. Para buscar el
arranque histórico de este dramaturgo tenemos que remon-
tarnos a ese curioso tipo de obras llamadas «género chico»,
que aún esperan un estudio detenido y seguramente de resultados fecundos. La denominación de «género chico», de alcance puramente material, dimensional, ha arrojado sobre
tales obras una desvalorización, una sombra de origen. Pero,
de estudiarse con cierta precisión el último decenio del siglo XIX en nuestras letras, acaso se vería que ese género
literario cumple una misión, ocupa un espacio que otras
formas dramáticas de la época dejaban en vacío. ¿Ha habido
verdaderamente en España un teatro realista? Mucho podría
discutirse la respuesta y de seguro que no satisfaría el aludir
a López de Ayala o a Tamayo y Baus. Quizá la fidelidad al
mandato artístico de la época, al signo imperante del realismo, que no ofrece duda en la novela, por ejemplo, sólo
se manifiesta en este género menor, en estas famosas obras
chicas. El «género chico», en su conjunto, es un prolijo fracaso. Pero no extrañaría descubrir en el fondo de esa derrota
artística unas cuantas intenciones, unos cuantos latidos e impulsos que se atienen con extraña exactitud a las órdenes
del tiempo. Las obras del «género chico» traen un teatro de
costumbres, de inspiración directa de la realidad ambiente,
de transcripción fácil y elemental de sus datos. Modos de vivir y de hablar, tipos, inclinaciones de las gentes, usos y
amaneramientos sociales, desfilan por esas obrillas. La sociedad como modelo de arte es lo que se propone el género.
Y en esto y en su marcha rastrera, en su incapacidad para
alzar el vuelo y dar con altitudes superiores, recuerda no
poco a aquel movimiento de sesenta años antes en la prosa
española: el de los costumbristas, fracasado asimismo y del
que sólo se escapa, haciéndolo pedazos, la gran figura de
Larra. Este «género chico» parece marcar también una vertiente muy antigua en el arte dramático español. En coincidencia y coexistencia con las más originales y densas obras de

nuestro teatro antiguo asoman siempre, a través de los años, obras en que se polariza una disidencia del cultismo dramático o del gran popularismo estilizado. Es un popularismo elemental, primario, de organización muy simple. Es en Lope de Rueda el paso junto a la comedia a la italiana. Es en Cervantes los entremeses junto a la *Numancia* o el *Rufián*. Es en el XVIII el sainete de Ramón de la Cruz junto a los intentos neoclásicos. En el XVI y el XVII, la grandeza del teatro mayor lo sumerge, lo deja relegado casi siempre a categoría de curiosidad. Pero en el XVIII la escasez de virtudes del teatro intelectual hace que esa forma de teatro, el sainete, deje una huella casi tan marcada o más que el de los cultos.

Visto así, el «género chico» representaría, con respecto a la tradición literaria española, una última forma de este teatro popular y realista que ha acompañado siempre a nuestras máximas obras dramáticas, y en relación con la tendencia dominante en la época —el realismo—, una forma degenerada, empobrecida, de esa escuela literaria que se aloja, por mala fortuna suya, en este cuerpo raquítico.

Como ya dijimos, don Carlos Arniches se presenta al público como un autor de «género chico»; mejor dicho, el «género chico» es la forma que modela y caracteriza su personalidad literaria al iniciarse ésta y durante muchos años de su desarrollo. Entonces Arniches era el benjamín de los autores de «género chico», en competencia con un Luceño o con un Ricardo de la Vega. Es el momento de sus obras en un acto, acompañadas todas de trozos musicales; de las zarzuelas y los sainetes líricos, etapa de su obra que está representada en el tomo que da ocasión a este artículo por el sainete titulado *El santo de la Isidra*. Es esta obra un dechado de su género. Los lugares de la escena, plazuela de los barrios bajos, puente de Toledo, pradera de San Isidro, la sitúan en ese localismo típico de Arniches, en esa forma dramática dialectal, si no creada, por lo menos robustamente afirmada por él; lo típico madrileño. Gentes del pueblo como personajes, expresándose en un lenguaje lleno de saber y de plástica, abundante en giros caricaturescos, escenas que son no más que cuadros de costumbres animados dramáticamente, como en don Ramón de la Cruz. Y en el centro

de la obra, como eje dramático, un pequeño conflicto sentimental en el que siempre juegan la mocita en trance de
amores, el novio chulo y jaquetón, con su acompañante, y el
muchacho honrado que acaba por ganar, gracias a sus buenas
prendas, el corazón de la protagonista. Estos elementos han
sido durante mucho tiempo ingredientes invariables del género, que su autor ha manejado en numerosas variantes,
pero en pocas con la misma fortuna y precisión que en este
sainete. Las otras dos obras que forman el tomo, *Rositas de
olor* y *La diosa ríe,* nos trasladan a la última fase del teatro
de Arniches. El «género chico» languidece ya hacia 1910.
Todo, fatiga del público, agotamiento de los recursos, novedad de las condiciones sociales, le condenan a desaparición.
Y entonces Arniches desarrolla una potencialidad de dramaturgo que hasta entonces se había constreñido a estas obras
menores y ahora adopta formas nuevas —el sainete extenso
y la farsa grotesca—, que logran un doble efecto: atraer
sobre su autor una consideración más atenta y valorativa derivada de las virtudes literarias, mucho más densas, de estas
obras largas y, subsidiariamente, hacer beneficiar a todo el
período «género chico» de Arniches de una consideración
y aprecio que salvan su labor de esa especie de vasto olvido,
de esa caída en el anónimo que ha sufrido casi todo el resto de zarzuelas y sainetes. No hay en la segunda etapa artística de Arniches mayores dotes de observación, mayor des-
treza dramática ni fuerza expresiva que en la primera. Lo
que sin duda le eleva sobre ella es una concepción de lo
dramático más amplia y profunda y un sentido de la construcción más completo y delicado. *La diosa ríe* es una tragedia grotesca, con tema y gentes del día. Un pobre hortera,
personaje tan favorecido por la literatura cómica en la humanidad madrileña, tipo viejo, digámoslo así, literariamente
hablando, se enamora de lejos, por fotografías y desde su
modesto asiento de anfiteatro, de una famosa artista de *va-
rietés,* a la que adivina en su imaginación con conmovedora
ingenuidad. Un azar pone en relación directa a la diosa y al
adorador. La artista, enternecida por ese culto ferviente y
remoto, llega a despedir, en defensa del pobre muchacho, a
su opulento amante oficial, y el logro del ideal del hortera

está ya casi al alcance de su mano, es inminente. Aquel imposible lejano se reviste de promesas de una certidumbre inmediata. La diosa está a punto de ser, es ya, en realidad, una mujer enamorada, pero el imposible tiene sus leyes. Nada puede consumarse. Las circunstancias sociales, de familia, del muchacho se imponen hasta a los dos mismos enamorados, y cuando ella estaría dispuesta a dejarlo todo por este romántico amor, la sumisión a las necesidades elementales de la vida material determina un desenlace en que él vuelve a su tienda, como siempre, y ella retorna a su papel de diosa, cómo siempre, que no habrá dejado en la vida de este hombre sino un fugaz contacto ilusorio. Como se ve, se trata de un personaje cómico desde el primer instante, que por una serie de circunstancias se ve en una situación perfectamente seria. Este juego de comicidad externa y gravedad profunda, tan visible en la obra, es lo que constituye la esencia misma de esta segunda etapa del arte de Arniches. Su hallazgo fue la base de la nueva valoración de este dramaturgo, que arranca en gran parte de las críticas que a Arniches consagró, en su breve, pero fecunda campaña de crítico dramático, Ramón Pérez de Ayala. Este atacó la que estimaba excesiva veneración hacia el teatro de Benavente y sacó, en cambio, de ese segundo grado de estima literaria en que yacía la personalidad de Arniches. De entonces acá, este autor representa, mejor que ningún otro, el ejemplo de una vocación dramática que, superando una forma transitoria de expresión artística —el sainete y la zarzuela—, ha logrado dar con la plena y cabal medida de su capacidad literaria. Y así, Arniches, escritor popular y popularista, procedente del sector de autores teatrales puros, ha ingresado hoy en el rango de estimación literaria que antes se concedía sólo a esos otros autores de procedencia letrada y culta, y figura, sin adjetivo alguno de origen, en la primera fila de nuestros dramáticos contemporáneos.

Mayo 1933.

Una antología de la poesía española contemporánea

Nuestra época viene dando muestras de un constante favor por las antologías. Esta clase de obras, ya sea abarcando géneros, períodos o escuelas, o la labor individual de un poeta, se multiplica en todos los países, respondiendo seguramente a esos impulsos de síntesis, de brevedad, de compendio que, bajo el signo de la velocidad, mueven al espíritu contemporáneo. De tal manera, que la noción de antología ha llegado a prestarse a una serie de interpretaciones equívocas o dudosas. Parece haber esencialmente tres tipos principales de antologías, según el punto de vista del autor. Uno es la antología personal donde priva por completo el gusto del seleccionador, sin atención ninguna a las preferencias de un grupo literario o del gran público. Ese tipo de antologías, el menos frecuente y quizá el de mayor encanto, viene a ser como la entrega a las prensas de un cuaderno de notas personales, de apuntes de lectura hechos a lo largo del tiempo por el autor, algo como un índice de preferencias particulares. Es la antología que llamaríamos íntima, la más espontánea y directamente humana. Por lo reciente citaríamos como ejemplo de ella los *Texts and Pretexts* del prosista inglés A. Huxley. Un segundo tipo de antología puede observarse .en aquellas que representan una escuela o tendencia literaria, con exclusión de las restantes; es la antología de grupo, que se dirige a un público de minoría o que quiere imponer a ese público de minoría un criterio de selección. Tienen ambas por base un gusto personal o de grupo. No se proponen una misión de tipo informativo, de presentación neutral, dentro de lo posible, del conjunto de un género o de una época en su producción literaria. A este fin van encaminadas las antologías del tercer tipo, a las que podríamos llamar históricas. En éstas el seleccionador, sin prescindir, cosa tan imposible como indeseable, de su gusto personal, le hace operar sobre un previo supuesto de imparcialidad y de neutralidad. No se trata en ellas de ofrecernos en su unidad las producciones de un estilo, como las del tipo segundo, sino el panorama, lo más amplio posible, de un país en un momento determinado y dentro de un género literario. Apuntan estas antologías hacia un público extenso al que quieren proporcionar materia literaria donde escoger, sin proponerse ningún fin autoritario ni definitorio. Son los tres perfectamente válidos y útiles. Lo que importa es no incurrir en el error, en que se cae tan a menudo, de querer juzgar la hecha con un propósito determinado con arreglo a las normas aplicables tan sólo a las de otros tipos.

No hay duda de las dificultades de adaptación entre los gustos personales o de escuela y los gustos del público extenso. Por eso una antología se ve siempre expuesta a críticas procedentes de todos los puntos cardinales del ámbito público. Porque tiene dos zonas concéntricas de repercusión: repercute una antología, en primer término y con extraordinaria viveza, en la zona literaria, entre el público de escritores, de aspirantes a escritores o de posibles llamados a escritores, y de esta zona es de donde suelen partir los juicios más apasionados y las más acres censuras para una antología. Repercute, en segundo término, en el público en general, en el llamado público profano, más inocentemente receptivo y que suele aceptar sin grandes distingos lo que se le ofrece con tal de que posea un mínimo de interés y de decoro. Toda persona sensible y consciente se tiene más o menos por un posible antologista: la actividad espiritual es una forma constante de elegir. Y por eso, frente a cualquier modo de elección, surge la reacción individual espontánea. Pocos lectores de un poema se considerarían dotados para escribir ellos un poema semejante; pero casi todos los lectores de una antología (nos referimos, claro, a los lectores cultos) se estiman consciente o inconscientemente, en su fuero interno, como capaces de su propia antología; ya que, naturalmente, una antología es obra de lector, primero, y de selector, después. Muchas veces la crítica en torno a una de estas obras suele pararse en el modo de selección, en el criterio del antologista y su arte para desarrollarlo, y se olvida que al fin y al cabo lo importante en una antología es su contenido; es, si se trata de una antología de poetas, el valor, la riqueza, la belleza de la poesía que se nos ofrece, la personalidad y autenticidad de los poetas representados. Se da el triste caso de que una antología rara vez alza comentarios férvidos sobre la materia literaria escogida y, en cambio, remueve toda una polvareda alrededor del nombre y del tino del seleccionador. Nadie duda que hay que dar a éste la parte esencial que le corresponde en la presentación de las obras escogidas, pero debe pensarse también que hay que ir en seguida más allá y que el antologista, una vez hecho su ademán de oferta, debe quedar a un lado, abriendo paso, que ése es su papel, al mundo que nos ofrece en quintas esencias. Y no se puede tampoco juzgar una antología con «estilo guerrillero», por el pormenor de una inclusión o exclusión. Puede ser esto motivo para reparos, a veces importantes; pero en definitiva no es uno más o uno menos lo que puede decidir el juicio sobre una antología, sino el criterio general, la cantidad y calidad de las poesías escogidas.

En este sentido es evidente que la de Gerardo Diego nos ofrece un criterio, una importante masa de poesías y casi siempre un evidente nivel de calidad en ellas; y claro es que también se presta al reparo. El criterio del antologista ha sido representar a cada poeta con un número de poesías lo suficientemente numerosas y expresivas para poder dar al lector la idea exacta de cada personalidad poética. El antologista no hace crítica, pero antes de las poesías de cada autor va una breve biografía y una «Poética», exposición de las ideas del autor sobre la esencia y modos de la poesía. Al final de la obra hay una cuidada bibliografía de las obras de los poetas seleccionados.

Se trata de una segunda edición. En la primera edición de esta obra figuraban los poetas Miguel de Unamuno, Manuel Machado, Antonio Machado, Juan Ramón Jiménez, José Moreno Villa, Pedro Salinas, Jorge Guillén, Dámaso Alonso, Juan Larrea, Gerardo Diego, Federico García Lorca, Rafael Alberti, Fernando Villalón, Vicente Aleixandre, Emilio Prados, Luis Cernuda y Manuel Altolaguirre. En esta segunda los cambios son de tal consideración que casi nos colocan frente a una obra nueva. Se añaden a los nombres anteriores citados el de Rubén Darío, Ramón del Valle-Inclán, Francisco Villaespesa, Eduardo Marquina, Enrique de Mesa, Tomás Morales, José del Río Sainz, «Alonso Quesada», Mauricio Bacarisse, Antonio Espina, Juan José Domenchina, León Felipe, Ramón de Basterra, Ernestina de Champourcin y Josefina de la Torre. No figura en esta segunda edición el poeta Emilio Prados por voluntad suya de «permanecer al margen», según nos dice el colector. Y Juan Ramón Jiménez, por decisión irrevocable de no autorizar su inclusión en ninguna antología, está ausente en las muestras de su obra poética, aunque el seleccionador nos da una lista de las cuarenta y una poesías que figuraron en la primera edición y que hubiera querido insertar en ésta. Las modificaciones tienen gran alcance. No hablemos ya, puesto que escapa a la voluntad del colector, de la ausencia de las poesías de Juan Ramón Jiménez; un cuadro de nuestra poesía del siglo xx sin ellas se ve privado de una personalidad poética de incomparable valor en sí misma, en la evolución de nuestra sensibilidad poética y en su relación influenciadora con una buena parte de la poesía más joven. Pero con las otras mudanzas deliberadamente introducidas por el autor, el carácter de la obra cambia tan esencialmente que hay que llamarle libro nuevo, más que nueva edición. ¿Se trata simplemente de una ampliación, como nos dice el autor en el prólogo?

Materialmente, sin duda; pero en cuanto al criterio y al resultado va mucho más lejos, ya que no consiste en una adición de poetas o poesías de aquellos comprendidos dentro de las fronteras de gusto y tendencia que marcaban los límites de la primera, sino estriba en la ruptura de esos límites y en la anexión de otras zonas poéticas distintas. Lo sucedido, en realidad, es que la antología de Gerardo Diego ha dejado de ser una antología de grupo, de estilo, de aquellas que colocábamos en el segundo tipo de nuestra división, con la aspiración de convertirse en una antología histórica, de las del tercer tipo. En este tránsito hay muchas posibilidades de ganancia y pérdida, que cada cual juzga a su modo; los adeptos de la orientación poética representada en la primera edición creen que la presente desmerece, y, en cambio, los que censuraban aquella primera por estricta y exclusiva se dan por satisfechos ante la ampliación del libro de ahora. Podría centrarse esta nueva forma de la antología de Gerardo Diego diciendo que se debe a la admisión de todo el movimiento modernista, con su creador y maestro a la cabeza. En efecto, de los quince poetas nuevos, una decena, por lo menos, son modernistas, titulares o hijos directos, aunque más o menos confesados, del movimiento modernista. Valle-Inclán, Villaespesa, Marquina, son tres nombres de primera fila del modernismo; Tomás Morales es el heredero más afortunado del movimiento, y en Ramón de Basterra, poeta ya de más inquietud y horizontes, pesa también visiblemente la influencia del modo modernista. Quedan fuera todavía algunos poetas de esa escuela, alguno de ellos, como Emilio Carrere, excluido por el autor por estimar de inferior calidad sus materiales poéticos; otros que, como Enrique Díez Canedo, hubieran añadido al cuadro del modernismo una nota distinta y peculiar, sin razón explicable. Pero, de todos modos, en esta antología nos encontramos con lo que había en la primera: la coexistencia, en hermandad o en pugna, de dos aspiraciones poéticas enteramente diferenciadas. ¿Cabría ajustar estos dos estilos poéticos a dos momentos cronológicos? ¿Podría servir de base esta antología para fijar en lo largo del tiempo una poesía de la anteguerra y de la post-guerra que, aunque relacionadas estrechamente y en dependencia, señalan, sin embargo, cada una, a muy distintos puntos cardinales? Así lo creemos. En los quince primeros años del siglo se publican las obras poéticas más importantes de Rubén Darío, de Valle-Inclán, de Villaespesa, de Eduardo Marquina, de Manuel Machado, y todos los libros más en contacto con el modernismo, dentro de la producción de Juan Ramón Jiménez. Tan sólo Unamuno y Antonio Machado, aunque en este segundo hay en algún caso leves acentos modernistas, se mantienen en teoría y en práctica deliberadamente distantes del movimiento modernista. En cambio, si nos fijamos en el período de 1915 hasta hoy, rarísimos son los libros, y desde luego de escasa importancia, en que aliente con vigor el modernismo. Y entonces es cuando poetas como Moreno Villa, León Felipe, preludian las nuevas apetencias y cuando, un poco más tarde, Federico García Lorca, Rafael Alberti, Jorge Guillén, afirman con sus obras la existencia de una poesía de signo nuevo. Y aún hay algo más curioso: un poeta cuya producción cubre como ninguna lo que va de siglo, Juan Ramón Jiménez, precisamente desde esos años, poco más o menos, inicia en su obra (*Diario de un poeta recién casado* y *Sonetos espirituales,* 1917; *Eternidades,* 1918) una superación depuradora de su poesía, de primera y ejemplar importancia para la suerte de la lírica moderna. Nos serviría, pues, esta visión panorámica que proporciona abundantemente el libro de Gerardo de Diego para plantearnos un problema muy importante de la literatura española del siglo xx. ¿Cuál ha sido la profundidad y extensión del movimiento modernista en España? Con Rubén Darío se abre, no hay duda, la poesía del siglo. Su influencia avasalladora, su deslumbradora potencia lírica, parece dejar en la sombra otras voces poéticas como la de Unamuno, cuyas poesías se publican en pleno bullicio modernista. El lenguaje poético cambia, fiel a los rumbos que le imprime el poeta nicaragüense, y, según muestra la primera parte de esta antología, la mayoría inmensa de los temperamentos líricos alumbrados de 1900 a 1910 se rinden incondicionalmente a la concepción lírica de Rubén Darío. Parece como si la poesía española hubiese sido lanzada triunfalmente por un derrotero seguro. Y, no obstante, y ésta

es la lección que se podría desprender de la segunda parte
de la antología, desde 1915 el modernismo como fuerza
lírica operante amengua y se desvanece. Los nuevos poetas
formados en esta segunda quincena del siglo dejan ver, sí,
bien claro que el modernismo ha pasado, y muy recientemente, por nuestra lírica. Rafael Alberti y Federico García
Lorca, sobre todo, en su lenguaje, en su verso, delatan hue-
llas de una influencia del gran poeta nicaragüense, a la que
no podía naturalmente escapar ninguna sensibilidad crecida
en aquella época. No, no es posible borrar de seguro en la
lírica española lo que el modernismo le dio en punto a valores de forma. Pero lo que no parece menos indudable es
que el ideal poético de los modernistas ha caducado en los
veinte años últimos. La poesía nueva lo considera insufi-
ciente y pasa sobre él empujada por el viento de una nueva
aspiración lírica, cuajada ya en las obras de poetas como
García Lorca, Alberti y Guillén, y pujante y atormentada
en las de los poetas más jóvenes, como Larrea, Aleixandre,
L. Cernuda y Altolaguirre.

Agosto 1934.

Antonio Machado vuelve a publicar sus *Poesías completas* en tercera edición. Ha adoptado el poeta para la entrega al público de su nueva obra el procedimiento acumulativo que seguía Walt Whitman, de añadir cada unos cuantos años a su obra ya anterior y conocida las nuevas poesías, unidas al conjunto total de modo que el lector tenga siempre presente junto a lo más reciente de la creación lo más remoto, lo inicial de ella. La poesía se nos ofrece así como un ser vivo en toda su integridad, en la florescencia de todas sus primaveras, en su cuerpo, tronco, y en sus últimas raíces. Para el lector distraído, acaso cambie poco lo que ve y se le antoje simple repetición de lo ya visto; para el que mira atentamente, la poesía de Machado crece, se desarrolla en cada edición sin prisa, sin llamativa vistosidad, pero sin cesar, y siempre con tan profunda fidelidad a su impulso más remoto, que estas poesías completas, lejos de ser una simple colección de materiales, aparecen como fábrica viva constantemente renovada en un trabajo interior, callado y profundo. Cada temperamento poético ofrece hasta en el modo de publicar sus obras indicio de su modo de ser. Antonio Machado, repitiendo una y otra vez junto con lo nuevo lo ya publicado de su producción, se, diría que nos muestra su conformidad consigo mismo, su aceptación incondicional de todos los momentos de su musa, una especie de serena y señoril complacencia en ser lo que ha sido, en haber sido lo que se es. Antonio Machado es un típico poeta del «98», caso curioso de esa fuerza centrípeta de la literatura de principios del siglo, la cual convocó a españoles dispersos en los puntos más distantes de la Península: a un vasco, como Unamuno; a un gallego, como Valle-Inclán; a un levantino, como Azorín; a un sevillano, como Antonio Machado, para ponerlos a todos bajo la enseña de lo español y el encendido entusiasmo por Castilla. Castilla, desde el punto de vista literario, ha sido crisol hispánico. «Mi infancia son recuerdos de un patio de Sevilla...» «Mi juventud, veinte años en tierra de Castilla.» Así dice el poeta en su «Autorretrato» (*Campos de Castilla*, 1907), y lo que dice de sí podríamos nosotros reiterarlo de su poesía. Porque la primera fase de la poesía de Antonio Machado se parece extraordinariamente a recuerdos de un patio de Sevilla. No a la ciudad misma, no. No a uno de sus patios, sino a todo el encanto de ella, de ellos, revivido o desvivido en el recuerdo, trascendido de materia a sueño. En la primera colección extensa de sus obras (*Soledades, Galerías y otros poemas*), Machado es el poeta de lo interior. Viviendo en una tierra llena de pláticas y atractivas evidencias, Andalucía, el poeta, sin embargo, escoge el otro lado, y los datos de realidad en sus obras están mirados en el revés más poético que tienen. Hay expresiones en toda esta primera parte de Machado, empezando por los títulos: *Soledades* (la hermosa palabra tan repleta de significación que ahora Machado sitúa al frente de una poesía de la vida recóndita, poniéndola así en signo inverso al gongorino, cuando Góngora la hacía titular de la más espléndida manifestación de poesía exterior); *Galerías*, «... esas galerías sin fondo del recuerdo», «laberinto de espejos», «lienzos de recuerdo», que acusan su rumbo hacia los llamamientos interiores. Una voz le llama (**LXIV**), le invita a ir con

ella «a ver el alma»; desde entonces el poeta avanza en su
sueño, «por una larga escueta galería». Nada de vanidades,
muy pocas quejas: «No hay que llorar, silencio.» Una esperanza vaga y resignada casi a no ser ni esperanza. Un errar
«siempre buscando a Dios entre la niebla...», sin saber nada
de nosotros («nada sabemos de las almas nuestras»), sin
confianza en las palabras del sabio que no enseñan más que
el silbo del viento, sin otro don que la memoria: «El don
preclaro de evocar los sueños.» ¡Qué sorprendente ver a un
poeta andaluz, de esa tierra tan injusta y vulgarmente ads-
crita a la jovialidad pintoresca y al cascabeleo, pronunciar
las palabras poéticas más graves, más serias y melancólicas
que se alzan en su tiempo! Pero aún es mucho más sorprendente la poesía de Machado, sorprendente en su firme y
acusada independencia, si la consideramos en relación con
el momento cronológico en que aparece. Corren los años
triunfales del modernismo literario. La renovación poética
diríase que se inclina, que rinde todos sus favores a la poderosa fuerza de Rubén Darío. Vida exterior, sensualidad
y opulencia decorativa, temas de artificioso refinamiento,
exotismo, sobre todo musicalidad, colorismo, ritmo, lujos y
juegos verbales invaden el Parnaso español y seducen a las
jóvenes musas. Antonio Machado no se rinde. Admirador
y amigo personal de Rubén Darío, que escribió sobre él poéticas palabras exactas, este hijo de una tierra sensual, en un
momento de tentaciones de una poesía sensual, afirma sin
la menor petulancia, sin ánimo alguno de combate, por simple modo de ser, una poesía sobria, austera, desdeñosa de
complacencias fáciles y de vanidades de los sentidos. Por
Antonio Machado, por Juan Ramón Jiménez, sospechó Rodó
la existencia de una Andalucía recóndita tan distinta de la
litografía en colores del siglo XIX. Y por Antonio Machado
y por otro gran poeta de su época, Miguel de Unamuno, de-
bería ya empezar la historia literaria española a sospechar en
la precaria y superficial existencia de un modernismo poético
en España a la manera del de Rubén Darío el americano.
Terminado su alegre alboroto, su vistoso desfile, sin resistencia ante el paso del tiempo, perduran, en cambio, con
todas las probabilidades de ser poesía para siempre, esas

otras voces sordas y recatadas como la de Machado, que representan la discordancia con el modernismo, la resistencia a él en el punto de su máximo esplendor aparente.

La segunda aparición al público de la poesía de Antonio Machado es *Campos de Castilla* (1907). El título en su exacta localización, ¿significa acaso una restricción de esa enorme amplitud de lo soñado y un sujetarse a los límites de la tierra y de *una* tierra? No mucho. Porque si Antonio Machado sale entonces de su mundo íntimo, de sus galerías interiores, es para asomarse a un paisaje, a una tierra, que son precisamente aquellos en que lo material y localizado se halla precisamente en las fronteras de la desmaterialización y la eternidad; el famoso paisaje castellano, paisaje de los místicos y de los héroes, el que arrancó a aquel espolique de Ortega y Gasset su frase de hombre ofendido: «Señor, en Castilla no hay curvas.» En *Campos de Castilla,* Machado nos muestra que, por muy en la realidad geográfica que se esté, se puede seguir «buscando el alma». *Campos de Castilla* significa, además, en la obra del poeta su máxima asimilación de la mentalidad del «98». En la visión de una Castilla atormentada o ingenua de la «tierra triste y noble» envuelta en sus andrajos y que guarda su secreto de no saber si espera, duerme o sueña. Hay en *Campos de Castilla* y en la poesía inmediatamente posterior mucha parte de meditaciones sobre España, de preocupación española, de obediencia al espíritu del «98». Véase, por ejemplo: «El mañana efímero», «Elogio a Azorín», «Una España joven», «España en paz». Por un instante roza Antonio Machado la poesía de ideas, ideas precisamente del «98», de las ideas de pesimismo y renovación, de sentir dolorido de nuestra tierra y de anhelo de resurgimiento. La visión de España, en esta segunda época de la poesía de Machado, se presenta a veces con la pura limpieza de lo más directo, con esa exquisita nitidez y sobriedad en la captación verbal, tan peculiar en Antonio Machado. Recuérdense, por ejemplo, los poemas de Soria. Pero alternando con este ver derecho, con este pasar sin intermediarios de la realidad real a la realidad poética, en la poesía castellanista de Machado hay otros ejemplos en los que, con toda claridad, entre los ojos del poeta y el mundo que tiene delante se apelotonan nociones, conceptos sobre España, sobre los españoles, de los que entonces circulaban como moneda corriente entre nuestros intelectuales. Es la famosa «España trágica», la Castilla «por donde cruza errante la sombra de Caín», los tipos de locos, de criminales, de seres deformes que también se asoman a otras figuraciones artísticas de España por aquellos momentos: la pintura de Zuloaga. Son las ideas regeneradoras, «la España que alborea —con un hacha en la mano vengadora—, España de la rabia y de la idea». Por esta zona de su poesía toca el poeta andaluz con ese complejo de ideas y y de sensibilidad que suscitó el desastre español del 98. Más adelante, en las *Nuevas canciones,* la inspiración de Antonio Machado parece remansarse. Se repiten las canciones de paisajes, acentuaciones felices de los aciertos de lo popular, y abunda mucho un tipo de poesía que desde el comienzo fue muy grata a Machado, poesía de un doble abolengo español culto y popular: la poesía epigramática, sentenciosa, refugiada en formas muy breves, de copla, hecha a veces un simple dístico, reducida en alguna ocasión a cuatro palabras («hoy es siempre todavía»), pura notación poética. Son los *Proverbios y cantares,* verdaderos caprichos de pensamiento. A ratos, estos proverbios parecen que van a parar a Sem Tob, el elegante y lapidario poeta medieval, no ya sólo por su forma, sino por la filosofía un poco escéptica que propagan; otras, las más, nos inducen, sin embargo, a recordar los más felices momentos de la poesía popular. Son como cantares de pensador. Es en Antonio Machado la poesía de pensamiento la que se adensa más y más en su última y más reciente época, la de un *Cancionero apócrifo* que el poeta atribuye a su doble, Abel Martín. De indispensable lectura para quien quiera conocer a Antonio Machado son esas cincuenta páginas de prosa, que comprenden, por un lado, la obra del fabulado Abel Martín y, por otro, el *Cancionero apócrifo* de Juan de Mairena. Exposición de su metafísica, de su poética, entreveradas con poesías que aclaran o ejemplifican el curso del pensamiento, constituyen un cuaderno de poesía del más alto valor. Todo ello expresivo de cómo se acentúan en la obra de Antonio Machado la densidad de

pensamiento, la afición a un tipo de poesía entre filosófica
y humorística, relampagueante de profundidades y de caprichos mentales, en la que, sin embargo, de cuando en cuando,
trasparece esa diamantina sencillez suya. El libro cierra muy
bien. El poeta que se asomó durante una temporada a las
tierras de Castilla y anduvo por su superficie ya va otra
vez soterrado por su galería. Y sus poesías terminan con
ese mismo ademán de melancólica introspección con que
empezaron.

Noviembre 1933.

Sucesión, de Juan Ramón Jiménez

Hace mucho tiempo que Juan Ramón Jiménez ha renunciado al libro como forma de publicación de su extensa obra inédita. Desde *Belleza, Poesía* (1923), el poeta no ha vuelto a reunir obras suyas en volumen. En una serie de entregas *(Unidad,* 1925-1928, cuadernos) nos ofreció algunas de sus páginas más densas y significativas. Ahora sus admiradores tienen a la mano otra modalidad de publicación muy semejante a aquélla: los pliegos que con el título general de *Sucesión* ha comenzado a dar sin nombre completo de autor, sólo con sus iniciales, pero en todo tan inequívocamente suyos, Juan Ramón Jiménez. Ya aquel título *Unidad,* éste *Sucesión,* dirigen la atención del lector hacia el concepto de creación total, de obra suma concebida con la misma unidad de una vida humana y con el mismo desarrollo en sucesión que ella. Vida humana y poética a la par, una sola las dos, marcada por la inevitable permanencia y la obligada variación, por la unidad y el sucederse. Totalidad. Proyéctase tal concepto de la obra literaria propia en el contenido mismo de los cuadernos de que hablamos. En ellos se encuentra obra poética en verso (doce poesías) y obra poética en prosa, y dentro de ésta, retratos de los que Juan Ramón Jiménez llama *Héroes españoles y españoles variados* (seis en número: Menéndez Pidal, Falla, Jorge Guillén, Antonio Espina y dos retratos de niños); prosas en forma poemática, como *El vendimiador, Sueño de tipo neutro, El paseante mejor, Enamorada;* tres series de aforismos sobre Etica y Estética. Además, se ofrecen una media docena de versiones españolas: Shelley, Thompson, «A. E.», Te-Ran-Ye y Amy Lowell. Una mirada superficial atribuiría a estos cuadernos el carácter de misceláneos, de recolección mecánica de materiales. Pero conocido el poeta y su noción de la poesía, en estos cuadernos el alternar de verso y prosa, de poesía y aforismos, de producciones recientísimas y de revisiones de poesías antiguas, de obra propia y de versiones españolas de poetas extranjeros, sólo se puede calificar de integración. Para Juan Ramón Jiménez, sin duda, la poesía, la *vis creativa* opera con la misma dignidad, con el mismo rango y altura en toda obra donde se halla presente. La poesía no es cosa de géneros, es pura esencia. Y donde aliente ella está el poeta entero.

Tres fechas llevan estas hojas: 1896, 1932, 19XX. Para decirlo con la terminología de Juan Ramón: actualidad, futuro y ayer. Pero un ayer salvado, revivido. Creación y recreación. El poeta que crea y se recrea en su obra. Así nos encontramos con poesías de 1901, de 1906, de 1908, como extremos en su poesía de ayer, y con poesías de 1930 y 1932, como término de su creación de hoy. *El faisán, La risa y la gloria, La voluntaria,* son lo más nuevo que estos cuadernos aportan de la obra en verso de Juan Ramón Jiménez. *El faisán* aún conserva la mejor gracialidad de las poesías de tono popular, la mejor pompa del momento modernista, pero con una severidad de ejecución que corresponde por completo al momento de hoy. El poeta en nada se niega. Busca, al contrario, el afirmarse en lo más seguro. *La voluntaria* es una elegía de aire libre, una elegía trascendente, más en tono de asunción, todo ello envuelto en una atmósfera campesina de Guadarrama rosa, como dice el poeta.

Continúan las series de los aforismos que ya inició Juan Ramón Jiménez en los cuadernos de *Unidad* bajo el título de *Etica y Estética*, sumamente importantes algunos de ellos en cuanto nos acercan certeramente a su visión actual de la poesía. Piensa de ésta Juan Ramón Jiménez como de algo naturalísimo que nada tiene que ver con la moda, con el hallazgo ni con la novedad. El gran espíritu, dice, el gran arte es siempre igual. En cuanto a la inteligibilidad de la poesía, su punto de vista parece ser contrario al que guió a Góngora: en Góngora, conforme van cediendo las resistencias que a la inteligencia ofrece la expresión poética, se nos van escapando realidades de las manos, y al llegar a la comprensión final nos hallamos con que la poesía está ya consumida por sí misma, volatilizada. Juan Ramón Jiménez cree que la poesía debe tener apariencia comprensible, pero guardando en su interior una gradación de concesiones que satisfagan la curiosidad más exacerbada sin llegar, sin embargo, a contentarla nunca; en esto, dice él, parecida a los fenómenos naturales. Lo dice también de otro modo: «Al secreto más raro, recto, por un camino franco.» ¿Debe ser la poesía filosófica? No, metafísica. El trance trágico del poeta está en haber sido llamado a darnos la cifra del mundo por medio del canto. En las fuerzas que contribuyen a la creación poética sigue Juan Ramón Jiménez preocupado con instinto e inteligencia, «Poesía, instinto cultivado», y la mayor dificultad estribará en una buena justicia distributiva, en una exacta delimitación de las atribuciones de la inteligencia, que no invada el dominio del instinto; hay en el crear un momento en que es preciso sentirse dominado; hay otro en que se hace necesario ahora dominar. Poco a poco nos va dando Juan Ramón en estos aforismos aparentemente dispersos su sistema de la poesía, y con él sitúa al poeta ante su obra y la opinión ajena; esta opinión ajena nunca debe, ya sea favorable o desfavorable, quitar ni poner nada al hombre creador, siempre afincado en la seguridad de su mundo. Juan Ramón Jiménez es, cada día menos, el poeta inconsciente e irresponsable. Esa conciencia vigilante que desde hace muchos años pone sobre su obra nunca dormita y se muestra de día en día más exigente.

Parte esencial de estos cuadernos son los retratos de héroes españoles. Héroe, para Juan Ramón, no es el héroe bélico ni el héroe de Gracián; llama héroes «a los españoles que en España se dedican más o menos decididamente a disciplinas científicas o estéticas». En el prólogo a su futuro libro en que coleccionará todos estos retratos acusa esto que tanto y tantas sensibilidades españolas (para no citar más que lo moderno, Cadalso, Larra, Valera) han registrado repetidas veces: la indiferencia, la hostilidad que en torno suyo encuentra el poeta o el científico. Aquí deja caer Juan Ramón Jiménez una confesión de gran valor para el conocimiento del poeta, y es que su tristeza nunca tuvo otro motivo más verdadero que el sentirse desligado y aparte en su vocación por lo bello. Sigue existiendo la cuarta raza, la heroica, en España con más dificultades que en parte alguna. Los retratos literarios de Juan Ramón Jiménez que se nos ofrecen en estas series son, los unos, de grandes figuras españolas —Ramón Menéndez Pidal, Manuel de Falla—; otros, dos escritores medianos en su vida, pero seguros ya en el rumbo y valor de su producción, como Jorge Guillén y Antonio Espina. En estos retratos el poeta nunca copia: inventa, descubre, exagera, estiliza; por eso, a ratos, frisan con una caricatura, en ocasiones están bordeando una exaltación. Quizá nunca ha llegado la prosa de Juan Ramón Jiménez a una precisión tan segura, a un aprehender de la realidad tan personal, tan concreto, tan local, ni a una mayor fuerza de elevación, a una mayor densidad de poesía. Exactitud, y no realista, conquista de una personalidad por el camino más remoto de la copia, por un procedimiento riquísimo, sí, en elementos de observación, pero puestos todos al servicio de una facultad adivinatoria. Esta especie de psicología de lo plástico cede —sin desaparecer por ello— el paso a la ternura, a la gracia, en otros dos retratos infantiles (*La niña Solita de Salinas y Teresa y Claudio Guillén*). Y en cuanto a la producción poética en prosa, fuera de los retratos y de los aforismos, *Sucesión* nos da una serie de poemas que continúan la trayectoria de los contenidos en *Unidad*. A veces, sobre reminiscencias de niños y de adolescentes, como *La casa azul marino, El vendimiador,*

El eco del otoño; otras, de un delicioso humorismo poético como esa breve y densa historia de *Léontine y Padre Dios.* Dos de ellos *(Sueño de tipo neutro, Morita hurí)* realizan como los mejores, en su profundidad de pensamiento, y en la riqueza de construcción, ese tipo de poema favorito de Juan Ramón Jiménez.

También parece iniciar el poeta, en esa constante reflexión depuradora de su propia obra, un apartado de máximo interés y que él titula «Fuente de mi poesía», bajo cuya rúbrica inserta —en el pliego VI— unos versos de Víctor Hugo, *Nuits de juin,* donde los aficionados a lo que la historia literaria denomina «estudio de fuentes» hallarán una buena presa. Y esta parte de *Sucesión,* en toda su orgullosa honradez —ya que ningún inconveniente hay en mostrar cuáles son las fuentes de una poesía que en la historia de la lírica española ha sido y ha de ser fuente de tantas otras poesías—, confirma lo que anticipamos al comienzo; es decir, que estos cuadernos, en su brevedad, son, íntegro, total, el mundo inventado por Juan Ramón Jiménez y nos ofrece en sus escasas páginas un denso y riquísimo microcosmos poético.

Noviembre 1932.

Escorzo de Ramón

Desde 1907 Ramón Gómez de la Serna ha venido dando a la literatura española de nuestros días obra tras obra, en un incesante curso de trabajo no comparable a ninguno de los escritores de su edad ni casi a ningún escritor español contemporáneo. Más de cincuenta títulos figuran hoy en la lista de sus obras; y desde el primer día se marcó ya su acento inconfundible, su personalidad tan discutida ayer como hoy, pero lo mismo de firme ayer que hoy. Ramón es un caso aislado en nuestras letras, es uno de esos casos de escritores «adánicos», conforme a la significación que da a esta palabra Ortega y Gasset. Demasiado joven para contarse en las filas del «98», demasiado temprana su producción para unirla a la de otros grupos que como tales se han definido posteriormente, Ramón se alza él solo, envuelto en sus caprichos y genialidades de temperamento, con inequívoca silueta. No depende inmediatamente de ninguna obra anterior; no crea una tendencia literaria en pos suyo, aunque su influencia difusa haya sido muy grande. Ramón

escribe y escribe solitario, por una necesidad indominable
de expresión, y su obra participa de ese aire de soliloquio,
de exclamaciones, de salidas espontáneas y caprichosas del
que va hablando solo por el mundo. ¿Cómo podría rotularse
a Ramón dentro de los casilleros genéricos de las letras?
¿Es un novelista? ¿Un ensayista? ¿Un poeta? De todo tiene
sin duda Gómez de la Serna, a todos los géneros se ha
acercado como quien busca salidas por todas partes; pero,
sin embargo, su obra hecha no son novelas, ni ensayos, ni
poemas; es, antes y después que todo esto, lo que él mismo
definió con un vocablo: *ramonismo*. Temperamento en libertad, Ramón rechaza módulos, normas, se acerca a un
género literario, entra en él y sale corriendo por el otro
extremo en una especie de juego que a veces se ofrece con
fulgores dramáticos. Es el tipo de escritor por excelencia, de
hombre que escribe, que en el escribir encuentra la función
normal e indispensable de la vida de su espíritu. Desde
el primer momento Ramón Gómez de la Serna se presentó
como un rebelde alegre, como una especie de demoledor
Hércules joven de las letras. Su lema parecía ser el desorden: «Yo me he permitido el desorden»; heredero directo
en esto de la tremenda actitud de Rimbaud, cuando afirma-
ba que había acabado por encontrar sagrado el desorden de
su espíritu. Para Ramón el trabajo literario es una especie
de anticreación; todo debe desajustarse, deshacerse, desamon-
tonarse: *¡qué difícil es trabajar para no hacer, trabajar para
que todo resulte muy deshecho, un poco bien deshecho!* En
esto consiste, según él, el secreto de vivir. El hombre, en
realidad, se ha dado demasiada importancia; tiene la manía (todo esto piensa Ramón) de querer conservarse y hacer
cosas supremas; pero, en realidad, vive al margen de la
creación. Al encontrarse Gómez de la Serna con esta verdad
de su espíritu, la no importancia del hombre, su situación
marginal en el Universo, la actitud que toma es una actitud
de desesperación alegre, de lento y jocundo suicidio. Hay
que divertirse. La palabra diversión cobra en Gómez de la
Serna un sentido puro; hay, en realidad, que desviar el espíritu y su atención de la terrible realidad aniquiladora.
Dediquémonos a la diversión pura y diáfana que defiende

*la vida y la aúpa. Todo se orienta mejor hoy gracias a la
diversión.* Pero si es cierta la trayectoria que hemos esbo-
zado del espíritu ramoniano, esta diversión será tan sólo
una terrible forma evasiva del dolor, y, desprovista de toda
frivolidad y espuma de superficie, revelará en su fondo el
más dramático conflicto humano: la lucha del hombre solo
e inerte, por no estar al margen, por entrar en la vida, por
cobrar vida; en suma, por ser. Ramón ha sido fiel a su
programa de hombre divertidor y divertido; si se leen las
páginas de su libro *Pombo,* donde ha trazado su biografía,
nos encontraremos con toda una serie de pintorescas fases
de diversión. Ramón ha trabajado mucho tiempo en una
habitación que no se parecía en nada a las habitaciones
corrientes de los escritores; toda cargada de cachivaches
extraños y pueriles, presidida por una mujer de cera de
tamaño natural, en la que había un auténtico farol de alum-
brado público, e infinidad de objetos salvados del Rastro,
de los desvanes, del olvido, de esos objetos en que, como
en la literatura suya, se rozan lo cómico y lo trágico. Ramón
ha dado una lectura en un circo, subido en un trapecio. En
la última fase de sus conferencias ilustra éstas con variedad
de objetos que lleva en una maleta y que muestra a su auditorio como un prestidigitador; todo esto es fidelidad del
autor a su programa: la diversión. Por eso, en la obra de
Gómez de la Serna insinuaríamos nosotros la existencia de
una actitud que no se sospecha en él, de una actitud popular, juglaresca. Ningún escritor contemporáneo se parece
tanto al juglar medieval como Ramón. Aquellos artistas
medievales andaban de ciudad en ciudad o de palacio en
palacio divirtiendo también a la gente, y sus actividades
iban desde los juegos con cuchillos lanzados al aire a la
recitación del poema. Arte y diversión se confundían; en
este sentido tiene Ramón un aire primitivo, una jocundidad
bulliciosa, una afición a darse en espectáculo que rompe la
tiesura y rigidez que se suele atribuir al ejercicio grave de
lo literario y lo asimila al hombre de buena voluntad que
quiere dar un rato de placer a sus prójimos con los más
variados ejercicios. Tan cierto es esto, que una de las últimas actividades de Ramón son sus divagaciones por la «ra-

dio», dirigiéndose a grandes públicos para entretenerlos, como hacía el juglar del siglo XIII. Y su fecundidad alegre, su regocijo rebosante, su espontaneidad, llegan, por mucho más cargadas que estén de sentido barroco, de dolor y de íntima tragedia, a recordarnos en algún instante a aquel gran juglar letrado de nuestra Edad Media: a Juan Ruiz.

En los dos libros que acaba de publicar Ramón se cruzan interpenetradas estas dos luces de su espíritu: la desesperada diversión y el sentimiento humorístico del papel del hombre en la vida. *Flor de greguerías* es una nueva antología de greguerías. Ya existían otras, hechas por el mismo autor en 1916, en 1919, en 1927 y en 1931. Según Ramón, en ésta *no van muchas, pero van las mejores.* La greguería es la invención ramoniana por excelencia; en el prólogo de esa antología, Ramón diserta profusamente sobre el género que él ha creado. No llega a dar una definición cabal y decisiva de la greguería; gira en torno a ella, se aproxima, da parecidos de definición, dice todo lo que no es la greguería, pero se le escurren de entre sus palabras las líneas que precisen, sin duda posible, el contorno de la greguería. No es la greguería una frase célebre, no es una reflexión filosófica, no es un apotegma, sobre todo no es una máxima, aunque a todo eso se parezca y tenga algo de ello. A lo que más se parece, según su autor, es al *haikai,* pero a un *haikai* en prosa: la greguería no debe ser lo demasiado poético, ni tampoco lo chabacano. Debe utilizar como arma favorita la metáfora. Este ente literario que Ramón inventa tiene una gran ambición: *Es el atrevimiento a definir lo indefinible, a capturar lo pasajero, a acertar o a no acertar lo que puede no estar en nadie o puede estar en todos.* Diga, pues, lo que diga su autor, la actitud del creador de greguerías es una actitud puramente poética, intuitiva, ya que tiende a captar lo indefinible, a retener lo fugitivo, a acertar lo que acaso nadie haya visto. Un estudio detenido de las greguerías nos llevaría a intentar una clasificación de ellas; desde luego sus rasgos comunes son la instantaneidad y la condensación. La greguería debe ser como una breve revelación súbita que en virtud de un desusado modo de relacionar ideas o cosas nos alumbra una

visión nueva de algo. Hay greguerías de tipo puramente
humorístico (Los barcos llevan la chimenea ladeada como
si se la hubiesen puesto a lo chulo); otras que son como
puros balbuceos poéticos, algo así como cabos sueltos de
poesía (Las golondrinas entrecomillan lo que dice el cielo.
—En el árbol del alba se congregan los pájaros); algunos
pequeños fragmentos psicológicos que se parecen, sin ser,
por estar en prosa, menos poéticas, a ciertas humoradas
campoamorinas (¡Qué tragedia, envejecían sus manos y no
envejecían sus sortijas!); pero en realidad lo curioso de
la greguería es que reúne en su brevedad poesía y arbitrariedad, realismo e ironía. Por eso viene a ser este género
inventado por Ramón un ejemplo, no por menudo menos
significativo y trascendente, de esa necesidad de convivencia
que en el espíritu y en el arte moderno hay, hace muchos
años, de actitudes humanas polares, de burla y profundidad,
de cabriola y de dolor. La greguería es una nueva forma de
poetización de la realidad, de lo que nos rodea. En la greguería, como en general en el arte de Gómez de la Serna,
hay un repertorio de objetos materiales verdaderamente
enorme, de esos objetos olvidados a los que se acerca el
poeta con ánimo de salvación. La greguería es la expresión
más pura del afán de diversión salvadora del arte ramoniano.

El otro libro que nos ocupa se titula Los muertos, las
muertas y otras fantasmagorías. Lo componen unas reflexiones sobre la muerte, una colección de epitafios recogidos por Ramón en los cementerios, otra de reflexiones
sobre lo fúnebre y, al final, una serie de fantasías relacionadas con la muerte y los muertos. Sin duda lo más inte-
resante de este libro es la parte titulada Lucubraciones sobre
la muerte. En ella un escritor de hoy se encara con este concepto tan manejado y tan sobado por la literatura y nos da
en unas páginas su nuevo concepto de ese fantasma constante. Ramón cree que la muerte es un valor en crisis y en
que en su sentido antiguo ya no existe. Antes tendría un
signo negativo, pero hoy su signo es positivo: sirve de es-
poleo a la vida, sirve de soltura y superación de ella. Si la
vida presente es más árida que nunca, es porque tiene que
recompensarse a sí misma, porque carece ya de la idea mor-

tal. En la tradicional posición del español ante la muerte
ve Ramón un cierto escepticismo. Cree que el tanto pensar
en la muerte enseña al español a ser ágil y desembarazado,
a desinteresarse de todo. Con ello desea quitar alcurnia al
que se cree inmortal. Hay que acostumbrarse a ir con la
muerte, porque la llevamos con nosotros. Hay que llevarla
de paseo, introducirla en nuestra casa, ir a todos lados con
ella, pero sin tristeza ninguna. *Sin necesidad de mataros o
de moriros, id con vuestra muerte. Es la compañía prescrita.*
Esta disertación sobre la muerte contiene, sin duda, alguna
de las páginas mejores que ha escrito Ramón. Una gran
parte de su producción literaria, de su actitud vital, se ex-
plicaría por ella; recordemos, por ejemplo, uno de sus
mejores libros: *El Rastro*. La afición de Ramón a tantas
y tantas cosas que parecen muertas, definitivamente termi-
nadas, ese juego con las cosas que ya no existen, revelaba
en sus fondos un formidable deseo de vitalidad y existencia.
Era expresivo de la constante tragedia de agregación y
desagregación por que pasan en el mundo seres y cosas, de
esa lucha entre la vida y la muerte que Ramón Gómez de la
Serna ha tratado ahora con visión más amplia y con más
grave alegría que nunca.

Marzo 1935.

José Bergamín en aforismos

José Bergamín se presentó a la vida literaria en el año 1923 con un tomo de aforismos publicados en la Biblioteca Indice y que tenía por título *El cohete y la estrella*. Desde entonces en las nuevas revistas literarias su nombre afírmase como uno de los valores de la nueva generación. En libros de contextura dramática, como las *Tres escenas en ángulo recto* (1924), o en *Enemigo que huye* (1927), en su ensayo sobre el toreo estético, *El arte de birlibirloque* (1930), en *Mangas y capirotes* y en distintas conferencias y ensayos, como *El pensamiento hermético de las artes* (1928), *La decadencia del analfabetismo* (1931), *La importancia del demonio* (1933) y *La estatua de Don Tancredo* (1934), su pensamiento sutil, esquivo, de noble ambición espiritual, ha ido marcando firmemente los rasgos de su personalidad.

El pensamiento de Bergamín no se presenta en forma discursiva y extensa, ensayos largos o artículos, al modo de la generación anterior: un Unamuno, un Ortega y Gasset. Hay sin duda que insertarle en el mismo linaje de preocu-

pados o de atormentados espirituales, pero con muy profundas diferencias en cuanto a la tonalidad del pensamiento
y a la calidad artística. Ha habido en el siglo XX en toda
Europa algo como un cansancio de las dimensiones normales, una busca de velocidades y de ritmos que se apartaran
de la andadura del siglo XIX. Ese anhelo se ha expresado
por dos caminos: uno de ellos, lo hipertrófico, el desmesu-
rado extenderse de una obra artística, como en el caso de
Proust, Joyce, entre otros. La contraria es la fragmentación
del pensamiento, el «quintaesencismo», la ambición de la
brevedad y de la concisión para reforzar los efectos. Bergamín se encontró, desde luego, del lado de la quintaesencia
y contra el fárrago. Algunos de sus ensayos últimos, *La
decadencia del demonio*, *Don Tancredo* y, sobre todo,
Mangas y capirotes, profundo estudio del espíritu del siglo XVII, le muestran ya en posesión de la forma discursiva
del pensamiento; no obstante, sigue siendo lo peculiar de
su personalidad literaria ese proceder por iluminaciones, por
aciertos disparados a la misma entraña del blanco, por fle-
chazos mentales que encuentran su mejor vehículo en el
aforismo. El libro de que tratamos, *La cabeza a pájaros,* es
una colección de ellos, dividida en cinco partes: *Molino
de razón, La cáscara amarga, Arte de temblar, Puente de
plata* y *El grito en el cielo.* Estos aforismos hablan de religión, de filosofía, de política, de música. El pensamiento
se entrega en ellos a todas sus tentaciones y curiosidades,
es puro pensamiento humano al que nada le es ajeno. En la
primera parte Bergamín trata del aforismo, le considera
como una dimensión figurativa del pensamiento, a la que no
se puede llamar breve ni larga, que es inconmensurable por
esencia, ya que las palabras son susceptibles de medida,
pero no así el pensamiento. ¿Es cierto o incierto el aforismo? No importa. Lo importante para Bergamín es que
sea certero. El aforismo perfecto será aquel en que ya no
haya ni una palabra que quitar, ni una palabra que añadir,
cuestión de palabras precisamente, porque *las palabras son
los dioses, la divinidad. El Verbo es Dios sólo.* El pensamiento bergaminiano, sin miedo al juego con las palabras,
más bien entregado a él, se dará siempre más que como una

conquista esforzada de la inteligencia, como una revelación súbita: *Belleza es expresión. Expresión es siempre milagro.* Pensar es hallarse en estado de gracia, y siendo la gracia un estado de juego, de aquí que el pensamiento tenga en la concepción bergaminiana, con toda fidelidad a su ser, algo de juego; juego y no puramente mental, juego en el que entra la pasión, que para Bergamín es conocimiento: «No es la idea la que apasiona, sino la pasión la que idealiza.» Esta primera parte es de suma importancia para comprender en su plenitud la posición espiritual de Bergamín con todo lo que ella tiene de juego en la acepción de su autor, de juego gracioso, de juego de palabras en que va envuelto todo el trágico juego humano. Porque Bergamín es en la España intelectual de hoy el representante más cabal de un pensar preocupado que lo juega y se lo juega todo con la apariencia, para el frívolo, de simple diversión mental o verbal, pero en su profunda realidad, terrible lucha del hombre con su duda y por la fe. Se puede superficialmente creer que Bergamín es un autor muy moderno si se atiende a su dominio y perfecto ejercicio de la agilidad, la ligereza y la sorpresa mental, la elegancia expresiva. No obstante, leyendo detenidamente sus obras, el problema capital de su espíritu es el mismo que el de nuestro gran pasado clásico: el problema de su alma y de su ser, tal como vibrara en nuestros místicos o en las estrofas calderonianas. Pero esta profunda seriedad de preocupación, este anhelo fervoroso disimula sus veras entre burlas de espejos, entre esquivadas ingeniosas, de tal suerte que se presenta sin forma ninguna de magnificencia o pompa dimensional, con una especie de pudor o elegancia frente al largo discurso confidencial. Mucho más cerca que del ingenio fácil de un Cocteau, con quien se le ha comparado, de la pasión poética de un Pascal. Por eso Bergamín figura en esa falange de pensadores espiritualistas restauradores de un sentido religioso de la vida, descarnado, severamente alegre, ágil. Y hace dos años dirige la revista *Cruz y Raya,* donde ha reunido con singular acierto todo lo que en España y algo de lo que fuera de ella sigue esta tendencia de pensamiento católico, libre e independiente.

El aforismo ha solido ser siempre un tipo de literatura moral, con un cierto aire pragmático que aspiraba a proporcionar a las gentes en una forma clara, decisiva y aguda un repertorio de verdades prácticas, derivadas de la experiencia de la vida. Máximas, sentencias, aforismos, son a los cultos lo que los refranes son al pueblo: un repertorio de verdades de uso, cuyo conjunto es toda una sabiduría asistemática. Los refranes suelen ser desdeñados por los círculos superiores intelectuales, que a su vez se crean ese otro refranero culto que empieza en la Biblia, sigue en Hipócrates o en Plutarco, se recoge en *Flores de sabiduría medievales,* y da luego productos tan espléndidos como La Rochefoucauld y La Bruyère. Claro es que el aforismo no se presenta como tal en muchos de estos autores. Hay una especie de jurado popular a lo largo del tiempo que sabe distinguir en una obra de estructura discursiva algunas frases donde la concentración del pensamiento y la felicidad de expresión son tan coincidentes que las hacen desprenderse, por así decirlo, de lo demás del texto y tomar calidad independiente. De manera que para el aforismo sucede algo como para el refrán, una necesidad de tradición, de selección popular, en el sentido más amplio de la palabra, que con su voto continuado a través del tiempo lo afirma en su calidad de visión verídica del pensamiento sobre la vida.

Precisamente, esa curiosa condición del aforismo, de ser «el refrán de los cultos», nos parece venir muy a cuento al tratar de la obra de José Bergamín. José Bergamín es un espíritu culto, refinado, de una agudización conceptista muy a lo siglo XVII. No obstante, a lo largo de su obra se alude constantemente a personajes, frases hechas y costumbres populares. Parece haber como un fondo de resonancias de lo popular en lo más remoto de su espíritu. Pero esas frases hechas, sobadas y resobadas por el uso, las somete Bergamín a un proceso de profundización y elevación, las poetiza y las convierte en una expresión cargada, para nuestros oídos, de familiaridad, y, en cambio, para nuestro espíritu, deslumbrante, de brillo nuevo. Así, por ejemplo, en este libro: fijémonos en el título, *La cabeza a pájaros;*

en el título de la última parte, *El grito en el cielo*. Son fragmentos de dos frases hechas: «tener la cabeza a pájaros», como indicando ser aturdido y ligero, y «poner el grito en el cielo», quejarse extremadamente. Y, sin embargo, dentro del lenguaje bergaminiano, estas dos frases separadas de los verbos que, por decirlo así, les sirven como de asa o mango por donde todos las han empuñado hasta ahora, cobran un valor de poesía, exenta de toda servidumbre en la vida del lenguaje: son una cosa nueva. En este sentido, la posición de Bergamín entre lo popular y lo culto nos recuerda la batalla que entre esos dos enfoques de la vida se dio en el Renacimiento. En la literatura clásica española, aun en los ingenios más cultos, lo popular se halla siempre más o menos presente: Lope, y hasta Góngora en sus letrillas. Hay una forma de refinamiento culto, que consiste justamente en ese tratamiento de lo popular, trabajando como sobre una materia bruta de la que pueden sacarse sorprendentes efectos. Bergamín es fiel a esa atención a lo popular y, al mismo tiempo, a esa posición culta desde la cual se le dignifica y ennoblece. En la voz del pueblo está la voz de Dios, se dice; pero en ocasiones no está precisamente tal y como pronuncia esa voz el pueblo: hay que alterarla un poco, variar la inflexión, el tono, es decir, tratar la frase hecha deshaciéndola y rehaciéndola en el crisol espiritual, y así se suele encontrar la voz divina en un dicho de lo más sobado y vulgar.

Por eso, la táctica bergaminiana es la de buscarle las vueltas a las cosas, la táctica del sesgo, del trasluz; ver si el derecho de las cosas, lo que por tal se tiene, no será en realidad lo contrario, su revés. Volver del revés, pues, será por lo menos una tentativa para una nueva forma de la verdad. Véase un ejemplo del procedimiento bergaminiano; un dicho popular afirma: «primero es la obligación que la devoción». Nos hallamos aquí contrapuestas, con necesidad de someterse una a otra, dos nociones: obligación y devoción. Bergamín apenas si varía la frase, no introduce en ella ningún elemento conceptual nuevo, escribe simplemente: «La primera obligación es la devoción», y el conflicto de la frase vulgar queda resuelto de golpe, de plano, sólo por un tratamiento espiritual de aquellos elementos verbales. En otro caso, esta espiritualización de lo popular viene del contacto de dos dichos populares que se alumbran y fecundan mutuamente. «Tener la cabeza a pájaros» parece lo más opuesto a «andarse con pies de plomo»; sin embargo, a Bergamín se le ocurre: *Cuando se tiene la cabeza a pájaros hay que andarse con pies de plomo*. A veces el procedimiento es el mismo que empleaban Gracián y sus amigos en la tertulia de Lastanosa; volver el refrán del revés: *Más vale un pájaro volando que ciento en la mano*. Pero este ejemplo nos lleva justamente a otra cuestión, que es la diferencia del aforismo bergaminiano con lo que este género suele ser. No busca Bergamín las verdades prácticas; su meta es la verdad poética. El volver del revés el refrán anterior es una operación decisiva. Desde un punto de vista práctico y posesorio, aquel refrán es incontrovertible; pero, sin embargo, poéticamente, vitalmente, ¿hay algo menos natural que un pájaro sujeto en una mano en comparación con la belleza del libre vuelo del ave? No se diga, pues, que esto es juego vano de palabras; son tentativas hacia verdades superiores. Así, Bergamín es en realidad más que un acuñador de frases que contengan una filosofía práctica de la vida, un revelador de visiones poéticas, y su pensamiento, como el del poeta, es «un arte de temblar», según él mismo titula una parte de su libro. Su obra es casi siempre la obra de un poeta gnómico. Ese es el valor del arte de Bergamín. Erróneo sería detenerse en la palabra ingenio, agudeza, etc., que para algunos sería el más señalado mérito de este autor: hay mucho más. Este ingenio no es de aquellos que se lanzan a circular por una trayectoria de «boomerang» y vuelve luego a la mano, después de descrito un giro gracioso. No. El ingenio de Bergamín en sus verdaderos momentos es solamente el arma punzante, acerada, con que un espíritu atormentado y angustiado quiere abrirse paso entre las tinieblas de cada día. Ingenio de saeta, como se llamó, con insuperable acierto, a una forma de canto popular.

Mayo 1934.

Un poeta y un crítico

(Cántico, de Guillén, por Casalduero)

De entre los quehaceres del crítico, uno de los más arduos y delicados es la crítica de poesía. Esto, por supuesto, siempre que se proponga el despacho de su propósito con cierto rigor y profundidad, concienzudamente. El borrajear de cien a mil palabras sobre un libro de versos nuevos, en son de ditirambo o de vejamen, y sin compromiso alguno de la responsabilidad, es cosa al alcance de cualquiera; y basta un somero hojeo de las revistas literarias para ver que muchos se aprovechan de esa licencia. Lo que sucede entonces es que el artículo, revista, nota, reseña o como se titule, escamotea la operación realmente crítica, dándonos en trueque impresiones fáciles, divagaciones ingeniosas, en el mejor de los casos; y en el peor, mal disimuladas muestras de la afición o la inquina que por el autor sienta el escribiente, el cual se apodera de la ocasión para desfogue de sus encendidos entusiasmos o sus rencores en rescoldo.

No es raro que escaseen las auténticas críticas de poesía, y hasta esas mediocríticas, en comparación con las de otros

géneros. Porque la novela, el teatro o el ensayo ofrecen
convenientes asideros; el argumento, los caracteres de los
personajes, en la novela, el contenido conceptual, la tendencia ideológica, en el ensayo; por ellos el crítico aprehen-
derá a su presa fácilmente, y discurrirá todo lo que quiera
sin que se note que no entra a fondo en el problema real
de la singularidad de la nueva obra con respecto a las demás, la cual suele hallarse más al interior de la acción narrativa o las apariencias de los personajes.

Y no es que yo piense que novela, drama o ensayo exigen
del crítico menos virtudes que la poesía; toda buena crítica
de un libro bueno ha de movilizar la capacidad entera del
que le critica, sea cualquiera el género. A lo que apunto es
a lo mucho más fácil de rebozar bajo el cuento de lo que
pasa en la obra, o de cómo es tal o cual de sus figurantes,
cuando se trata de novelística o teatro, la carencia de crítica, lo inexistente de aquello que el oficiante de crítico nos
quiere hacer creer que está haciendo.

Añádase aún la generalidad y creciente extensión del
fenómeno de la desaparición gradual de la crítica, ejercida
por quien puede y quien debe, es decir, por personas en
posesión de una real y específica capacidad de criticar; y
el advenimiento en su lugar de un enjambre de *revisteros,* o
reseñistas, que caracolean por revistas y diarios, sembrando
sus caprichos y sus antojos, y hablando a bocanadas, so pretexto de cualquier libro nuevo.

Tanto escasean los libros de críticas poéticas que ninguno
de los poetas del siglo xx —ese siglo en que tan alto ha
llegado la poesía en España— ha sido apreciado satisfacto-
riamente por la crítica; seguimos deseando y esperando valoraciones de la lírica de Miguel de Unamuno, de Antonio
Machado, de Juan Ramón Jiménez. En el grupo siguiente,
sólo Federico García Lorca ha dado lugar a páginas abun-
dantísimas; lo cual no desdice lo que acabamos de indicar,
porque las trágicas circunstancias [de su muerte] atrajeron
hacia su obra una atención que ella se merecía ampliamente,
por sí misma, fuera de todo motivo externo y momentáneo.
Por eso, no obstante lo mucho escrito sobre su poesía, me
parece que falta en su caso esa deseable ecuación entre al-

tura de la obra criticada y la obra crítica que por rarísima
vez se da, como en el tratamiento que de la poesía de Pablo
Neruda hizo Amado Alonso.

Es muy de razón, pues, señalar la salida de un libro de
Joaquín Casalduero, *Cántico,* que editado por la Editorial
Cruz del Sur, de Santiago de Chile, estudia la obra de Jorge
Guillén, de la que toma su título.

Un libro único

Guillén es autor de un libro único. Unico, a mi ver, en
significación y trascendencia dentro de la historia de la lírica española; es decir, si se toma el calificativo en su acepción evolutiva, de raro, sin par, por su excelencia. Unico,
también, en su sentido meramente designativo, de que no
hay otros que le acompañen, que es solo.

Pero sucede que siendo único *Cántico,* lo es como un
roble o un ser humano que no son iguales en sus diversas
etapas de vida y desarrollo, aun siendo siempre los mismos.
Cántico, como quiso llamar a su obra, con toda la intención
envuelta en la palabra, Jorge Guillén, salió de primeras en
1928; el año 1936 se publica su segunda versión, que contiene cincuenta poemas más, y el año 1946, en Méjico, se
nos entrega el tercer *Cántico,* mucho más copioso en poemas y con nuevas disposiciones del contenido. Cada una
de esas etapas de publicación vale por un crecimiento, por
una mayoría en poemas; y por un acrecimiento, por una
mejoría, en valores poéticos. Expresa ese modo de publicación un concepto muy estricto y claro de la obra poética
del autor que siente y quiere la unidad de afán y realización de su poesía, desde el primer poema hasta el último,
y desea que el lector la tenga a la vista en su integridad,
es decir, en todos sus miembros, de cuerpo entero; porque
en ella, como en el organismo humano, todas las partes
se asisten unas a otras para darnos la única versión auténtica posible del ser vivo: el hombre entero.

Tiene este estilo de publicación una serena y lenta hermosura; incido en el recuerdo del crecer del árbol que sin mo-

verse de lo que es, se aumenta, se complica, se robustece, llega a más alto con sus ramas, da más sombra, alegra a más espacios del aire. Pero mirado por otro lado, por ese, señor de nuestro tiempo, de lo práctico, del éxito y la publicidad cuantiosas, sufre de grave inconveniente: que muchos lectores que no pasan del ojeo de la cubierta del libro, o de las listas de libros nuevos, al ver allí el mismo nombre y el mismo título se los figuran referidos a una reimpresión de la obra anterior, o, a lo sumo, a una edición *aumentada,* repetición de la de antes, con algunos poemas más.

Nada más erróneo. Cada nueva forma de este *Cántico* contiene en sí a las precedentes como el hombre maduro de hoy lleva dentro al joven de ayer y al infante de antaño, sin que por eso se pueda decir que es un niño aumentado, de más corpulencia; cada *Cántico* se ha de mirar no como suma de poemas a poemas, sino como integración viva de una forma anterior del organismo poético en esta nueva y superior, que le acerca más a la plenitud de su existencia, al propósito final de creación del poeta. Pero al lector no se le puede pedir, en puridad, que se haga todos esos distingos, él solo. La crítica sí que debe hacerlos. Jorge Guillén ha sacrificado por fidelidad a su concepto de la obra poética ciertas ventajas, menores, de vanidad o provecho. De haber publicado cada nueva tanda de poemas por separado y con nuevo título, tendría acaso algunos miles más de libros vendidos y algunos centenares de lectores más. Porque el nuevo título llama y excita la atención. Pero Guillén, castellano viejo que es, ni se hurta a la atención ni la corteja; hace lo suyo, según su entender y querer, desentendido de intenciones de efecto inmediato, confiado en el efecto que a la larga habrá de tener su obra en la poesía española. No es poeta del momento, sino del siempre.

Esa actitud de dignidad que rehúye el grito publicitario, cualquier forma de propaganda, ya la de echarse a la plaza, o ya la de retraerse al yermo, explica que una poesía que ni siquiera apela a esa modesta y legítima forma de volver a solicitar la atención de los lectores con un nuevo título, sea menos atendida. Por supuesto, menos atendida por el público de reata, el que se va detrás de los pregoneros, de los

cimbeles anunciadores. Pero bien atendida, fervorosamente
escuchada, seguida como ejemplo, por ciertos grupos inme-
jorables de lectores que han percibido toda su originalidad
sin rebuscar, su potencia sin esfuerzo, su humanidad esencial. Es decir, su *unicidad* en nuestra literatura. *Cántico,*
libro único.

Por eso ha merecido estudios valiosos, como el ensayo de
Américo Castro y el librito de Miss Frances A. Pleak *(The
Poetry of Jorge Guillén).* Y ahora, este que nos ocupa.

El crítico

Joaquín Casalduero lleva años profesando la historia de la
literatura española en universidades norteamericanas; en
esta tarea se ha ganado un puesto de primera línea. Pertenece
a esa corriente de críticos modernos, en la que figuran
señeramente Amado Alonso, Dámaso Alonso, José F. Mon-
tesinos, y que suman sus esfuerzos a la labor de los maestros como Menéndez Pelayo, Menéndez Pidal y Américo
Castro, para ir aclarando la, tan necesitada de luces, historia
de nuestras letras. Apartándose de la erudición de vuelo
corto, del factualismo sin espíritu, de la manía de las *fuen·
tes* y demás endemias de esa disciplina, estos historiadores
y críticos se asimilaron las técnicas modernas de la esti-
lística, la psicología, la historia de la cultura, aplicándolas
con notables resultados a la iluminación de nuestras grandes
obras. En ellos se ayuntan sólido saber, extendida formación
cultural, con sensibilidad aguda y certera penetración interpretativa.

Por supuesto, los aún jóvenes maestros de este grupo han
probado que una capacidad crítica auténtica se aplica por
igual a las obras de hace cuatro siglos que a las de gran
talla de hoy, acabando con el antiguo reparo academicista
de que sólo es susceptible y digno de tratamiento riguroso
y atención profunda lo que se escribió en lo remoto del pasado, mientras que la literatura contemporánea debe dejarse
abandonada al silencio o desdeñosamente encomendada a la
superficialidad de la reseña periodística. Así, Casalduero

ha estudiado con idéntica originalidad y escrúpulo a Cervantes en ciertos aspectos estructurales del *Quijote* y en las *Novelas ejemplares,* al Don Juan del teatro español, a Galdós y a Bécquer. Ahora emplea sus dotes, con suma fortuna, en la poesía de Guillén.

La crítica

En la primera de las siete partes de que consta el libro, se destaca el valor de la. palabra en la poesía guilleniana: poesía sometida a la palabra y palabra entendida en un sentido exclusivamente poético. Está siempre respetada en su pureza y nunca es forzada o atormentada. «El que se atormenta es el poeta, y de su tormento, es claro, no se nos permite saber ni adivinar nada», dice con tino Casalduero, aludiendo a cómo la sencillez del lenguaje del poeta deriva de un laboreo selectivo profundo, que, sin embargo, no deja traza alguna en su limpio resultado.

Esta poesía es pura y no en cuanto que quiera huir de tales o cuales temas (los acepta casi todos), o porque se confine en altitudes favoritas, sino por ser tan netamente distinta de la prosa, irreductible a cualquier transcripción en forma prosaica; en ella ni se cuenta, ni se enseña, ni se exponen anécdotas.

La inspiración se revela en Guillén como «certidumbre iluminadora de un misterio». Y a su vez «la creación es un misterio aclarado por otro misterio». (Por si alguien quiere tachar al crítico de equívoco o tautológico, yo me permito explicar, a mi modo, su idea: un cristal de aumento nos revela cosas que se escapan a la simple vista, aclara pequeños misterios visuales, pero es él a su vez, aunque al parecer tan claro, tan sencillo, un objeto de misterio, no obstante lo que nos diga la óptica.)

Reivindicaciones

Al autor de *Cántico* le ha caído en suerte que se le haga víctima de la acusación de frío intelectualismo. Por eso, una de las más importantes aportaciones de Casalduero es el discernimiento en los poemas de Guillén de lo que llama «anhelante aplomo»: se trata de una pasión elevada hasta el nivel más alto y ofrecida allí sin desbordarse. Ni es su tema, el central de su poesía, producto intelectual. Mirando la realidad llega a inventarla, es un inventor por excelencia. Pero ¿cuál es su invención? ¿La de temas, la de metros, la de asuntos? No; lo que quiere hallar, lo que inventa, es el sentido poético más vivo y céntrico, ya que intenta presentar y justificar en toda su pureza el papel del poeta entre los hombres, de la poesía entre sus creaciones espirituales, sacándolo de las confusiones que los siglos han venido enredando en torno del ser del poeta y de la poesía.

También en el capítulo que sigue se nos adelanta una fundadísima rectificación. Se suele motejar a Guillén de poeta oscuro. (Dicho sea de paso y por mi cuenta, a veces encontrar a un poeta oscuro tanto puede ser seña de que en realidad lo es como de que el lector no sabe ver claro. El lector se siente tentado a traspasar graciosamente su tiniebla al poeta que está leyendo. Acaso es ya hora de que se nos permita a los que escribimos —bien sea modestamente— poesías solicitar en juicio que se acepte de cuando en cuando, como causa posible de una *mala inteligencia* de la poesía, no sólo la que invariablemente se alega, la oscuridad del acto creador, del poeta, sino otro, no menos posible, la oscuridad del acto receptor o recreador, del que lee.) Pues bien, al encuentro de esas opiniones hechizas y echadizas sobre la poesía de Guillén, asevera gallardamente Casalduero que el contenido emocional de *Cántico* es la claridad, y que éste es el poeta de lo claro. (Ya Mr. Aubrey Bell, en su *Castilian Literature,* había calificado esta poesía de *radiante.*) Claridad espacial, sentido del límite de las formas; percepción de los volúmenes, los perfiles, delimitación de las cosas. Y, a la vez, claridad temporal, porque se

da forma también al tiempo, perennidad al presente: «un día
— Parado en su mediodía», dice un poema de Guillén. «Las
dos infinitudes —espacial y temporal— que han sido siempre angustia, tormento, confusión, cárcel del hombre, se
doblegan a la penetración de Guillén», según su crítico.

Alegría, unidad, esencialidad

De ahí que la lírica guilleniana produzca esa intensa
impresión de alegría: es la alegría de la conciencia de la
creación y de lo creado, el sentido afirmativo de la existencia. Casalduero considera que el gran monosílabo, sin
duda intensificado desde Rousseau y el romanticismo, es
el yo. Y encuentra en *Cántico* otro monosílabo que le sus-
tituye y se le opone: el *sí*. Un sí con que se responde a la
gran negación ochocentista. La trascendencia de esa actitud
la formulan estas palabras: «El mundo de la duda, de las
apariencias, de las sensaciones; es decir, el mundo desde
mediados del siglo XVI hasta comienzos del siglo XX, queda
cerrado.» ¿Se podrá llamar esotérica o in-humana a una que
tan fiel y misteriosamente recoge en su concentrada pureza
lírica un conflicto tan anchamente humano?

Que la poesía de Guillén esté repleta de realidad, de
realidad inventada, no presupone que las variadas apariencias de esa realidad que canta el poeta le distraigan de la
conciencia de la unidad total, esencial de las cosas. De lo
uno, de esto y lo otro se asciende a lo universal por virtud
poética. «Todas las rosas son la rosa.» Aunque Casalduero
no lo argumenta aquí concretamente, lo que dice echa por
tierra ese lugar común que ve a la de Guillén como poesía
primariamente cerrada, de intelectual clausura. Más bien la
llamaría yo poesía que encierra o abarca, no exclusiva, sino
inclusiva, aspirante a ceñir, como pastor en un redil, a todo
ese rebaño suelto y desmandado de las cosas del mundo.

Por eso desemboca en el mito. El mito, dice Casalduero,
exalta la realidad hasta aquella altura en que encuentra la
forma de su esencia. Es una facultad elevadora. Gracias a
esa interpretación del crítico me explico algo que siempre

sentí en la poesía de Guillén: que muchas veces partiendo
el poema de un objeto muy simple y sin ningún conocido
atributo poético, nos deposite al final de su curso en un
pensamiento poético esencial. Del sillón «Beato sillón» de
la décima famosa, nos sentimos transportados, leve y rau-
damente, por la escala de los diez versos, a la idea de la
perfección del mundo.

Cántico, *segundo*.

Todo lo escrito se refiere al primer *Cántico,* el de 1928.
En la segunda sección del libro, Casalduero amplía sus
juicios, aplicándolos a la versión de 1936. Ve en ella una
ganancia de «extensión de volumen y en intensidad de tim-
bre». La obra es más compleja y más rica, girando siempre
en torno al gran tema del poeta: ser y asombro de ser.

La muerte, que ahora se aparece, la afronta Guillén sin
nada parecido a la desesperación romántica, el materialismo
positivista, el realismo idealista o el impresionismo. «Guillén vuelve a dar al encuentro con la muerte toda la dignidad de la obediencia. Ni mundo antiguo, ni cristiano.» Me
atrevo, sin embargo, a acordarme, aquí, de la tradición española de una actitud, de origen religioso y ético, es cierto,
muy fraterna de la que señala Casalduero, la de Jorge Manrique y Quevedo. La espléndida serie de sonetos agónicos
de Quevedo termina sus angustias con soberbia dignidad:
«mas ¿si es ley, y no pena, qué me aflijo?»

En cuanto al tiempo se le ofrece ahora al poeta, como
en tres grandes formaciones o «bloques temporales», tarde,
mañana y noche. Esa cierta dispersión que reina en la tarde,
a la noche se irá tornando en recogimiento, en una penetración en la soledad. El círculo que arroja la lámpara, ese
círculo de claridad es el signo de la concentración, de la
posesión, en él, de la noche: «La noche es mía». Porque la
soledad, favorecida por lo nocturno, ni separa del mundo
ni es trágico sentirse sin compañía; es una «soledad de posesión», en la que se percibe la dimensión y el peso del orbe.
La noche guilleniana gusta más del sueño que de los sueños.

De ella se sale por un estado de los que con más júbilo y felicidad canta Guillén, «el desenlace de aurora». El hombre vuelve a dar en las cosas, reveladas por la luz, y se retorna a la tierra su ser de paraíso. De suerte que el proceso, tarde, noche, mañana, es una salida a la luz. El hombre romántico, según Casalduero, compara su vida al curso solar y la tragedia romántica es fiel a ese ritmo y termina hundiéndose desesperadamente en el hondón de la fosquedad nocturna. Guillén invierte ese rumbo, «empieza arrojándose y acaba emergiendo, se hunde en el tiempo y en la noche y sale a la realidad, a la luz».

Ser y amar

El amor a todo dirigido, amor a las cosas, la alegría de que existen y se dejen gozar, la gratitud por su existencia, son principios activos de la poesía guilleniana. La exaltación de ser lleva al hombre a querer cobrar conciencia de ese ser, jubilosamente, en actos de posesión de esas realidades también jubilosamente sentidas fuera de él. Así esa lírica propendía a un gran poema de amor, que por fin se realiza en «Salvación de la primavera» del *Cántico* segundo. Amor indiviso e indivisible, materia y espíritu, se pasa en él por las fases de la contemplación lenta, del delirio y la exaltación, camino de la unión con lo amado; no se llega por su vía a la pérdida en un confuso abismo final, sino a «una paz de alto nivel», la paz del presente gozado, el cual no se termina ni agota en sí y pide su continuación misteriosamente, sintiendo latir en ese presente gozado un deseo de futuro siempre incógnito. Casalduero, que analiza agudamente el poema relacionándolo con otros de análogos sentimientos del autor, considera «Salvación de la primavera» como «la gran poesía de amor de *Cántico,* uno de los grandes cantos de amor de la poesía española».

Aún podría añadir que ese modo de revivir líricamente el gran tema de siempre, trae nueva prueba de lo distinto, de lo singular de la poesía de este autor. Sentimentalismo lacrimoso, pasión atormentada, suelen ser las notas imperantes, ya separadas, ya en combinación, de la mayoría de los poemas amorosos. Ninguna rige en los versos de la «Salvación». El poeta, con lucidez asombrosa, inventa una visión lírica de lo erótico, original, vivida, pura y resplandeciente; diamantina hermosura, que no se parece a ninguna de las amontonadas riquezas conocidas que nos ha legado el pasado poético. También ahora funciona la potencia lírica de Guillén, a modo de fuerza restauradora de la unidad de lo humano, al rechazar los conceptos exclusivos o parciales del amor, el espiritual puro o el puramente sensual, para sentir lo amoroso como la meta y cima del afán de ser, del ser totalmente y en plenitud, ser íntegro, en el amor *uno*, que no puede renunciar a nada humano.

La forma métrica

Equívocos y equivocaciones, impulsados ya por la ligereza, ya por la malicia, zumban en torno a *Cántico*, en lo que toca al verso, sus formas y combinaciones. Se le tilda de neo-clásico, de frío, de rígido. Difícilmente resistirán esos cargos al escrupuloso y convincente estudio que trae Casalduero de la rima, la estrofa y el ritmo en Guillén. Conciencia sutil de los recursos de la lengua, dominio pleno de su uso, capacidad de virtuosismo, todo eso es discernible por el análisis, pero llega al lector fundido y transfundido en una resultante total de elegante naturalidad; la palabra hablada es la base de donde se alza el canto guilleniano.

Contribuye esta parte del libro a explicarnos fundamente el efecto que nos hace siempre la forma poética de *Cántico:* se la percibe obediente, cediendo con docilidad a los usos y formas más sencillos del idioma, en la apariencia; en verdad y por sus adentros, esa obediencia es un modo de señorear la lengua, y aceptando lo más natural, devolverlo sorprendentemente mágico.

Acierto: situación

Sólo trata el libro de Casalduero de las dos primeras
formas de *Cántico,* la de 1928 y la de 1936. Dada la importancia que tiene la última, la de 1946, donde la poesía de
Guillén se ofrece completa, en soberbia madurez, es de esperar que el crítico continúe su labor tan esclarecedora y
justiciera hasta ajustarla al *Cántico* final.

Pero ya como está, tengo las páginas de Casalduero por
uno de los aciertos de la crítica sobre poesía contemporánea.
En esto de escribir sobre poesía se acierta por una feliz
coyuntura de empeño estudioso y suerte visionaria. Mal puede faltar en ese acierto el instrumento de cultura, la posesión abundante de conceptos y experiencias sobre la poesía,
menos, quizá, la iluminación intuitiva. Como al nocturno
oribe, inclinado sobre su mesa, le sirven las delicadas herramientas que tiene delante, con las que modela y perfecciona
su propósito; pero a toda su obra la asiste, la envuelve, la
luz de la lámpara que tiene detrás. También la crítica nece-
sita su ángel, más cuando es de poesía. El ángel celestial
que Rubén Darío suplicaba, aunque fuese en su forma ver-
nácula, andaluza: «exégetas del sur».

La empresa del crítico es *situar* la poesía que se estudia,
ponerla en su sitio. Primero, captar sus rasgos propios, de-
limitar sus distintivas, aislarla en su peculiar esencia, dis-
tinguiéndola de las demás por lo que en sí tiene de nueva
realidad creada, irreductible a ninguna de las anteriores.
Radicarla, esto es, determinar dónde se asientan sus raíces,
y hacernos percibir esta nueva presencia al igual de la de
un nuevo cuerpo en el espacio, de modo que no podamos
equivocarlo con otro y lo reconozcamos por lo que es, in-
confundiblemente, entre las muchas. Para eso es menester
afrontar la obra, como si estuviera sola, bucear en su profundidad, con olvido, por el momento, de lo que no sea
ella. Así precisa Casalduero esta originalidad de la lírica
de Guillén, vista en sí:

En la poesía de Jorge Guillén quedarán para siempre estas dos
notas: primera, alegría de ver la realidad y entregarla al mundo;

segunda, posesión de la realidad y de lo absoluto. Junto al ímpetu juvenil que da forma a cuanto toca y ve, la dignidad del hombre y de las cosas, la dignidad del hombre entre las cosas.

Pero luego, ya aprehendida la calidad que señala por nueva e inequívoca a esa obra, hay que situarla allí donde la corresponda en el mundo de sus relaciones con las restantes interpretaciones poéticas del universo. Mirarla como perteneciente a un conjunto de esfuerzos y realizaciones logradas a lo largo de los siglos: para que quede integrada en la gran obra común, situada en el tiempo. Sólo así se nos revelará su plenitud de sentido y nos podremos acercar a la conciencia de su valor, sintiéndola primero en su soledad, encerrándonos con ella en puro diálogo, y luego, entregándosela, en su puesto debido, a la gran teoría de las obras, que procede por los siglos y se somete a su final imperio.

Casalduero considera a esta poesía, que ha sido vista desdeñosamente por algunos como obra de simple exquisitez técnica y de mental artificio, indiferente a los grandes afanes del mundo, precisamente como muy expresiva —desde la categoría de lo lírico— del drama angustioso del hombre moderno; es decir, la ve en medio del mundo, en el centro de la humana tragedia:

«El origen y por lo tanto el destino del hombre se habían perdido en el siglo XIX... Del desorden del naufragio del siglo XIX... hay unos cuantos hombres del siglo XX, entre ellos Guillén, que consigue salvar al Espíritu, poner orden de nuevo, hacer que reine la claridad y la confianza, infundirle la dignidad que estos sentimientos comportan; no una dignidad burguesa y económica, sino de nuevo una dignidad metafísica».

Satisface así este libro por el desempeño concienzudo de la misión crítica en sus dos dimensiones; por eso servirá para que se vea el *Cántico* de Guillén allí donde cumple verlo, donde lo vemos muchos, en la sumidad a que alcanzaron los poetas sumos de nuestra lengua.

1947.

El *Cántico*, de Jorge Guillén

La obra completa de Jorge Guillén aparece hoy con el
título de *Cántico*. Es este título el mismo que llevaba el libro del autor en su edición publicada en 1928, agotada ya
hace tiempo. Pero este libro de ahora dista mucho de ser
una segunda edición. Se incluyen, desde luego, todas las
poesías del anterior, pero con la edición de cincuenta más,
y entre esas cincuenta, algunos de los poemas de mayor
extensión e importancia que el autor ha publicado, como
«Salvación de la Primavera» y «Más allá». El contenido
total está ordenado de nueva manera en cinco partes, tituladas «Al aire de tu vuelo», «Las horas situadas», «El pájaro
en la mano», «Aquí mismo» y «Pleno ser». Se trata, pues,
de dos formas distintas de una misma obra poética, tal y
como ha ido madurando en dos instantes del tiempo. Entre
el primero y el segundo libro hay la misma relación que
entre dos grados de crecimiento de un ser. Y así como se
crece no sólo en dimensión, en apariencia, sino también en
potencia y claridad espiritual, así este segundo *Cántico,* sien-

do fiel a su naturaleza, es muy otro, es mucho mayor. Nada
hubiera sido más fácil al poeta que reeditar la primera
forma de *Cántico* y publicar todos los nuevos poemas aparte,
dándoles un nuevo rótulo. Pero Jorge Guillén concibe todo
lo que va publicado de su obra poética, hasta ahora, de un
modo rigurosamente orgánico, que sólo puede responder,
dada la unidad de su naturaleza, a un solo nombre: Cántico.
Por lo general, el artista moderno suele ser más bien descui-
dado en cuanto a las maneras de entregar al público su producción. Lo que hace Guillén nos da ya un indicio sobre
una constante cualidad suya: rigor, exquisita vigilancia de
su propia obra hasta en el menor detalle.

La carrera de este poeta no ha sido nunca externamente
apurada. Siempre se manifestó por su seguridad y su precisión. No tuvo prisa en publicar ningún libro: mucho antes
de la salida de *Cántico,* en 1928, ya circulaban numerosas
poesías suyas por las revistas, que le ganaron en España la
mayor autoridad y estima que puede tener un poeta sin libro. En 1928, la aparición de su obra le definió en nuestro
horizonte con vigor de trazo, con potencia de personalidad
indiscutibles. Es porque en ella latía lo indispensable en
toda obra poética propiamente dicha: una concepción del
mundo lograda a través de una concepción de lo poético,
del todo suyas.

Para saber cuál es debemos partir de la primera palabra
de su obra, de la que es también la última, del título definitorio: *Cántico.* Ni canto, ni cantar, ni canción, ni cante,
sino precisamente eso, cántico. La palabra lleva infuso un
sentido de gracias y alabanzas a la divinidad. La raíz de la
poesía de Guillén está precisamente en el entusiasmo ante
el mundo y ante la vida. Si eso no se ha reconocido hasta
hoy en su pura verdad es porque el entusiasmo generalmente
se presenta bajo formas muy distintas a como aparece en
la poesía guilleniana. Salta libre y desatado, vive en torren-
cial desorden, se abandona al capricho y a la espontaneidad
bruta, suele dar en ilimitada orgía. Tanto que a veces se
convierte en pura gesticulación penosa. Lo peculiar de la
poesía guilleniana es el haber logrado lo que llamaríamos
una ordenación poética del entusiasmo. Donde ese senti-

miento se expresaba confuso, Guillén ha puesto claridad. Donde se desbordaba sin límites, ha trazado contornos. Tales son la luminosidad con que se traduce lo entusiasta y la precisión de líneas con que se delimita, que muchos no ven otra cosa que eso en la poesía guilleniana, y ya es bastante. Pero su actitud poética, el entusiasmo vital, guarda una extraordinaria semejanza con la del gran poeta americano Withman. La lírica whitmaniana tiene un cimiento idéntico al de Guillén: júbilo ante las formas de la vida en el mundo, exaltación de todo lo vital. Lo que sucede es que Whitman, aparte de lo que se deba a otras razones temperamentales, vivía en una época romántica, en un clima de cultura semirromántico también, y su poesía se explayó sin límites, con magnificencia incomparable en ocasiones, y en otras, con lapsos y oquedades inevitables. Guillén, haciendo arrancar el vuelo de su poesía del mismo nivel, el entusiasmo vital, lo ha tratado con todo lo que la visión de un siglo más de vida y provechos del espíritu humano podía añadir. El arte romántico era un arte extensivo; el moderno aspira capitalmente a la intensidad. Guillén aplica a ese manantial del lirismo entusiasta una norma intensificadora, una voluntad de concentración, todo el tratamiento exquisitamente cuidadoso que en los laboratorios poéticos del siglo XIX han ido forjando, para bien y no para mal de la poesía, como pudiera creerse, los grandes poetas modernos. El que no tenga tiempo ni atención de llegar por medio de la lectura profunda del poeta americano y del español a percibir esa afinidad de actitud poética, siempre advertirá, entre otras cosas, aun en lo más exterior, las semejanzas notorias: la inusitada abundancia de las expresiones absolutas y de las frases exclamatorias, el constante repetirse de los signos de admiración que lanzan hacia lo más alto del lirismo la palabra. Y hasta habría versos guillenianos, por ejemplo, éste:

No hay soledad. Hay luz entre todos. Soy vuestro,

donde el sentido de inmensa compañía humana, de entrega del individuo a los hombres, es exactamente el del gran poeta americano.

El tema de esta poesía de la exaltación y del júbilo es
la belleza del mundo y del ser. Si el habla poética debe ser
para Guillén cántico, es porque, como nos dice en un verso,

> Todo en el aire es pájaro.

La hermosura de la vida no está rebuscada, no se oculta,
no hay que buscarla con laberínticas introspecciones. Está
ahí, aparente, delante de nosotros. La vida es bella porque
es vida.

> Ser nada más. Y basta.
> Es la absoluta dicha.

Por todas partes circula esa complacencia jubilosa en ser:

> ¿Qué es ventura? Lo que es.

¿Puede llamarse intelectual una poesía que proclama precisamente como valor supremo de la vida el ser y nada más,
la simple conciencia de ser, el gozo casi animal de sentirse
en uno la vida? La simplicidad de esta actitud poética en el
complejo mundo moderno parece un descubrimiento. Han
pasado por los siglos, sobre todo por el siglo último, ráfagas
de pesimismo y de desesperación. La lírica de la rebeldía, de
la protesta, el grito de los disconformes, produjo desde el
romanticismo hasta hoy obras magníficas. Pero he aquí un
poeta que, atravesando tales oleajes, surge hoy, aceptando,
afirmando, creador de una poesía que parece toda ella un *sí.*
Frente a las imprecaciones del mundo, escarnecido y maldito
por tantos poetas, se nos da la afirmación de su belleza
total. A despecho de las apariencias, sin necesidad de que
los ojos vean nada, una fe ciega y segura de la perfección
de lo creado se impone sobre todo:

> No pasa
> Nada. Los ojos no ven,
> Saben. El mundo está bien
> Hecho.

La unidad del mundo consiste, precisamente, en esta plenitud de ser, de ser bello. La tierra de los hombres se canta
por muchos poetas como un lugar desgarrado y dividido,

campo de batalla donde alternan maravillas y horrores. Guillén siente nuestro mundo como una entidad hermosa y entera.

> Y tanto se da el presente,
> Que el pie caminante siente
> La integridad del planeta.

Ahora bien: este sentimiento, inspirador de una poesía panteísta, enamorada, de una poesía de lo cósmico, puesto que exalta la belleza del mundo, no está tratado de un modo vago e indefinido y se nos revela, no a manera de misterio confuso y abstracto, sino corporeizándose en momentos, objetos y situaciones determinadas de la realidad y de la vida del hombre. Por ejemplo, toda la magnitud inmensa del tiempo puede estar milagrosamente resumida en un instante:

> Todo está concentrado
> Por siglos de raíz
> Dentro de este minuto
> Eterno y para mí.

De suerte que siendo una poesía de la vida en su dimensión total, entera, no canta el poeta nociones abstractas, sino que nos entrega lo vital en condensaciones precisas, en cristalizaciones ejemplares, que responden todas ellas a un nombre, a una cosa, a un estado momentáneo de ser o de sentir. Uno de sus poemas se titula «Delicia en forma de pájaro». No por capricho, no por mero acierto del ingenio. Expresa para nosotros el proceso exacto de la poesía guilleniana al condensar un sentimiento total, lo gozoso, lo deleitable, en algo, en este caso el pájaro, perfectamente concreto, individualizado y reconocible por todos. Es la de Guillén poesía de realidad en las realidades. El repertorio de cosas concretas del mundo hasta ahora aparecido en su obra es numerosísimo. Paisajes, fenómenos naturales, primavera, otoño, invierno; la tormenta, la llanura, la nieve, las alamedas. Estados y trances del ser humano: los niños, los amantes, el hombre solo, el dormirse, el despertar, el beso. Animales: el cisne, los caballos, las calandrias. Objetos materiales: la mesa, el sillón. Estos son algunos de los muchos temas de realidad en *Cántico*. Por aérea, incorpórea y altanera que

parezca esta poesía está siempre referida a una circunstancia
o a un hecho real perfectamente visible. Recordemos, por
ejemplo, esa afirmación poética y vital tan orgullosa, segura
y amplia: el mundo está bien hecho. Pues se encuentra en
una décima que tiene por título «Beato sillón». La revelación
de esa hermosura de lo existente llega al poeta en un instante de perfecto equilibrio vital, sucedido, precisamente, en
una casa, en una oscuridad, en un silencio y en un sillón
determinados:

> ¡Beato sillón! La casa
> Corrobora su presencia
> Con la vaga intermitencia
> De su invocación en masa
> A la memoria. No pasa
> Nada. Los ojos no ven,
> Saben. El mundo está bien
> Hecho. El instante lo exalta
> A marea, de tan alta,
> De tan alta, sin vaivén.

Pero una poesía de la realidad puede muy bien no ser,
acaso deba no ser, una poesía realista, según lo intentaron
poetas como un Campoamor o un Patmore. La realidad, las
cosas, están ya ahí, creadas. Con reproducirlas tal cual, nada
nuevo se crea, y la poesía tiene el deber primordial de crear.
Pero, y ése es su conflicto, a base de lo ya creado: la realidad. Su labor no puede ser otra sino transmutar la realidad
material en realidad poética. Si la poesía de Guillén, siendo
tan real, es al par tan antirrealista y da una sensación tan
perfecta de mundo purificado, esbelto, platónico, de maravillosa selva de ideas de las cosas, es por lo potente y eficaz
de su instrumento de transmutación. A nuestro juicio, ese
instrumento de transmutación es la claridad de su conciencia
poética. Lo bello del mundo, lo que tenga de poético, se da
de un modo vago, disperso, genérico; hay poesía en todas
partes, en ninguna. El primer paso de la actividad poética
es dejarse apoderar de esa belleza, recibirla, entregarse a ella.
En esta etapa se encuentra quizá la mayor parte de la poesía
escrita por los hombres. Pero cabe una actitud reactiva: la
de apoderarse a nuestra vez de aquello que dejamos que se

apoderara de nosotros. ¿Y cómo? Pues simplemente cobran-
do conciencia clara, plena, de ello. Sino poseído del supremo
gozo de conocer el mundo a través de la más limpia forma
de conocimiento poético. Lo acepta en conciencia.

Muchas otras virtudes habría que señalar, caso de haber
tiempo para ello, en esta poesía. Históricamente, en el momento que vivimos de nuestra lírica, es la que realiza mejor
que ninguna la restauración del concepto íntegro de lo poético. Guillén, sin empobrecer en modo alguno ni la visión
ni la expresión, las enriquece, pero con riquezas tomadas
de su propio caudal, apartando lo ajeno. También merecería
atención el lenguaje poético guilleniano, de maestría y perfección sin par, donde nada pasa ni nada se lo lleva el viento,
y que logra una distinción expresiva donde se reúnen lo
clásico y lo moderno. Pero sobre todo esto, y como la virtud
cimera, creeremos siempre que el valor máximo de su poesía
es representar la conciencia poética más clara, más luminosa,
exacta y profunda que hace mucho tiempo ofrece nuestra
lírica.

Diciembre 1935.

La poesía de Rafael Alberti

Este primoroso volumen de las ediciones del *Arbol* recoge la obra poética completa de Rafael Alberti en seis años de producción. En la advertencia preliminar nos dice el autor que considera toda esta parte de su obra como un ciclo cerrado, contribución suya irremediable a la poesía burguesa, y declara, señalando así paladinamente la crisis de su espíritu, que desde 1931 su obra y su vida están al servicio de la revolución y del proletariado.

Se nos da en este volumen una personalidad plena de poeta, variada y siempre vivaz. Lo integran cinco libros ya publicados: «Marinero en tierra», «La amante», «El alba del alhelí», «Cal y canto» y «Sobre los ángeles», que se reproducen con algunas pequeñas variantes y supresiones, y tres partes que por primera vez se imprimen: «Yo era un tonto y lo que he visto me ha hecho dos tontos», «Sermones y moradas» y «Elegía cívica».

Tres tonalidades diferentes acusa la siempre certera voz poética de Alberti en estos seis años de producción. Los tres

primeros libros de los arriba enumerados constituyen esa
tonalidad inicial, puesta toda ella bajo el signo de lo popular. Esta palabra tiene siempre muchos visos de equívoco, y
equívocamente, sin duda, se ha empleado con frecuencia al
hablar de Alberti. Lo popular en él no arranca directamente
del pueblo ni se presenta con la bravura y aspereza de lo
así nacido. Enlaza con una tradición de popularismo muy
remota en la poesía española y que no ha tenido en nuestro
tiempo floración tan atinada y copiosa como la de esas
obras de este poeta. Es un popularismo domeñado por la
inteligencia y la gracia de lo culto; es en realidad una tras-
fusión de virtudes de esas dos actitudes poéticas que, con
razón o sin ella, se han venido enfrentando desde hace siglos y que llegaron en unos cuantos poetas de todos los
períodos de nuestra literatura a pactos y treguas perfectos.
Recordemos en lo más distante del tiempo las «Serranillas»
del marqués de Santillana. Allí se ve cómo el cultísimo poeta, empapado de anhelos renacentistas, se inclina, hechizado
por el misterioso encanto de la poesía popular, hacia una
forma simple de ella, la recoge y la salva en las alas de la
más exquisita concepción culta. Esta es la actitud. En ese
mismo siglo y en el siguiente los Cancioneros nos conservan
un tesoro de poesía popular, sencilla y elemental en sus temas, pero primorosa en sus formas rítmicas. Primero Salvador Rueda en *El ritmo,* luego Rubén Darío en el prólogo
de *Cantos de vida y esperanza,* aluden al anquilosamiento
y momificación del ritmo de la poesía española del XIX.
Los intentos del poeta nicaragüense en ese libro y otros
no van por el camino que señalamos, y a pesar de sus «De-
cires, layes y canciones» de *Prosas profanas,* las innovacio-
nes rítmicas de Darío se fundan casi siempre en la adaptación
al castellano de módulos extranjeros. Es que, en realidad,
esa poesía rítmica del XVI era casi totalmente desconocida;
pero en 1920 publica Pedro Enríquez Ureña *La versificación
irregular en la poesía castellana* (ediciones de la *Revista de
Filología Española,* vol. IV) y un folleto editado por *Cultura,* de Méjico, y de suma rareza bibliográfica, donde presenta una selección deliciosa de este género. Más adelante,
Cejador, en su confusa obra *La verdadera poesía castellana,*

contribuye a la difusión de esta poesía de los Cancioneros.
Y entre la juventud cultivadora de la literatura cunde la
afición a la obra lírica, tan escasa como acabada, del poeta
portugués Gil Vicente. Por este lado creemos que se encuentra la actitud poética inicial de Rafael Alberti. Los metros, el ritmo, los procedimientos paralelísticos y de-estribillo
y, sobre todo, el enfoque son los que la intuición poética de
Alberti sorprendió en este tesoro de poesía menor. En esta
fase de su obra, como en la subsiguiente, Alberti representa
un refinamiento y depuración de la escuela modernista con
sus ambiciones de dar al verso castellano la flexibilidad, elegancia y gracia de que carece casi, casi desde nuestro Siglo
de Oro. Varían en los tres libros los temas, los motivos de
la poesía; pero en los tres el aire de gracioso juego, de señoril capricho que de cada poesía exhala, responden a la
perfección de una misma forma de visión poética: esta que
acabamos de señalar en Santillana y en la poesía de los
Cancioneros.

Marinero en tierra, publicado en 1924, es el poema del
mar visto y sentido por los ojos costeros. Está tratado el
tema tomando el mar no en su magnitud épica, sino como
un tesoro de sugestiones poéticas breves, aladas y graciosas.
El poeta se considera como «un desenterrado del mar», como
un expatriado que desde la ciudad, que no ve el mar, le sueña y le acaricia, evocándole. Cuando va por las calles de la
tierra con el traje marinero que ha pedido que le ponga su
madre, camina sobre la ilusión de ir por las calles del mar.
En sus aguas ve asomar la primavera; por ellas vislumbra
un inverosímil toro azul y oye en ellas pregones submarinos;
pide que si su voz muere en tierra, la lleven a la orilla del
mar y allí la dejen. Este libro constituye como un sartal
de cantares marineros transfundidos a la tonalidad común de
esta primera época de refinamiento culto. El cual se sigue
apreciando en el segundo libro de Alberti: *La amante,* 1925.
Es un breve itinerario lírico de su viaje desde Madrid a la
costa norte de España. Según va cruzando tierras se le pren-
den en la retina imágenes de gentes: un cazador, un carre-
tero, una abuela entre sus gallinas; de animales: la vaca en
el prado, la mula carrera, o de árboles y plantas: el chopo,

la zarza. Imágenes que sujeta y condensa en anotaciones líricas donde el realismo geográfico se sutiliza en idealización de cantar. Aun aquí sigue el poeta con su obsesión marinera. Al cruzar las mesetas de Burgos canta: «Castilla tiene castillos, — pero no tiene una mar.» En *El alba del alhelí*, tercer libro de este período poético (apenas si era conocido, puesto que circuló sólo, fuera de comercio, en las ediciones de «Libros para amigos», de José María de Cossío), tipos como la húngara que va por los caminos, motivos taurinos como las «Seguidillas a una extranjera» y las poesías dedicadas a Joselito y al Niño de la Palma, «Pregones», etc., confirman los rasgos fisonómicos de popularismo andaluz de la poesía de Alberti. En 1927 se publica *Cal y canto*. Era el año del centenario de la muerte de Góngora, que despertó en los grupos literarios juveniles ardoroso entusiasmo. El libro de Alberti no es imitación de Góngora (aunque como por juego en su «Soledad tercera» teja con extraordinario arte un perfecto laberinto gongorino), no es producto de la influencia gongorina; es tradición, tradición de Góngora, como el ciclo anterior era tradición de la poesía de los Cancioneros. Pero toda tradición viva, la única verdadera, en cuanto tiene la forma auténtica y nueva de vivir una actitud artística que tuvo ótros puntos y modos de realización, suele, paradójicamente, parecer revolucionaria. En este libro de Alberti, la visión superficial encontraría sólo modernismo, actualismo poético. Los temas son, muchos de ellos, temas de la vida real moderna: estaciones, baños, ascensor, telegramas, aviación, «foot-ball», asoman por estas páginas. Pero todo ello sublimado al nivel de arriscada altivez poética, en donde el ideal gongorino quería colocar las realidades. En poesías como «El jinete de jaspe», «Sueño de las tres sirenas», «Guía estival del Paraíso», vibra esa forma de entusiasmo por la vida que consiste en entregarnos poéticamente sus realidades, todas encumbradas en fulguraciones de imágenes y de lenguaje, en ditirambos verbales. Pero ya en la última poesía del libro, la «Carta abierta», tan sólo comparable por su significación a la poesía inicial de Rubén Darío en *Cantos de vida y esperanza,* el poeta se descontenta, digámoslo así, consigo mismo, y junto a la declaración imperial de ser, de orgullo cronológico («Yo nací, respetadme, con el cine»), viene la interrogación sobre su verdadero ser, a la que el poeta contesta que él es «un relámpago más, la nueva vida».

Y, en efecto, la nueva vida poética de Alberti comienza entonces. Como una especie de introducción humorística a ella tenemos los poemas de los «tontos» del cine: «Cita triste de Charlot», «Harold Lloyd, estudiante»; «Buster Keaton», etc. En estos poemas Alberti se separa ya de toda tradición temática o formalista, popular o culta. Un humorismo cruzado de pasajeras amarguras y expresado con la incoherencia de lenguaje, con los antojos de relación de imágenes que el tema de circo permite, hace presentir una profunda novedad en la voz de Alberti. Novedad que cuaja por completo en su libro, sin duda más importante, *Sobre los ángeles,* publicado en 1928. Fiel al título, Alberti hace desfilar por estas páginas todo un coro angélico. Angeles que en ningún modo se conforman a la interpretación tradicional del arte; ángeles sombreados por resplandores siniestros, señoreados por las pasiones y los defectos: el ángel bélico, el rabioso, el mentiroso, el envidioso, el vengativo, el avaro, el tonto; ángeles de lugares: de las bodegas, de las minas, del colegio; ángeles tocados de cualidades de la materia: el ceniciento, el mohoso, el de carbón, el de arena. Y también el ángel bueno y el ángel por excelencia: el ángel ángel. Aunque las poesías del libro son en su mayoría breves y no aspiran a ningún género de grandiosidad, la resultante final del libro, la suma que en el espíritu se hace al cabo de él, recuerda un magnífico conjunto pictórico, una vasta composición a lo Brueghel, donde pugnan, cándidos o coléricos, los angélicos representantes del bien y del mal. Cada poema separado es una pieza lírica independiente; el conjunto nos impresiona como un terrible drama interior, como una muestra más de las batallas reñidas dentro de un alma por las fuerzas siempre enemigas. En muchos casos, sobre todo en lenguaje e imágenes, el libro de Alberti está al día, responde a los últimos módulos de la poesía de estos años: absoluta libertad en las relaciones metafóricas y en los calificativos, incoherencias lógicas. Pero en lo más hondo se percibe lo que llamaríamos un temblor medieval, una visión del mundo angustiosa y siniestra, donde la ceniza y el oro se combinan como en los ángeles de la pintura romántica. Alberti aquí ha pasado a otra fase poética, ha ascendido, a nuestro parecer, a otra fase poética, que culmina en el último poema del libro, «Elegía cívica», escrita en versículos con gran amplitud de aliento y donde el sentido desgarrador de la vida, expresado con los mayores extremos realistas, con las máximas crudezas de lenguaje, nos da un soberbio ejemplo de la poesía de la desesperación y de la nada. Esta fase final de la poesía de Alberti es una nueva vertiente de su concepción del mundo; se quedan atrás, en los primeros libros, aquellos acentos graciosos y fáciles, aquella percepción superficial, alegre y garbosa, de la existencia. Y le nace al poeta un anhelo de exploración en profundidad, poesía hacia lo soterraño, poesía entrañada en el desesperado misterio del mundo, toda lucha, desgarramientos, y aspiraciones a la claridad, que de cuando en cuanto asoma en lo alto, en las fugitivas visiones de lo angélico, angélico.

Noviembre 1943.

Dramatismo y teatro
de Federico García Lorca

Hace ya unos diez años surgieron en la poesía española unos cuantos nombres que representan un nuevo estado de nuestra lírica. Se les calificó por entonces con la denominación de poetas «selectos» y «de minoría». De entre todos ellos sólo Rafael Alberti, en un sentido, y Federico García Lorca, en otro, han rebasado en su arte esta denominación y han logrado ganarse zonas de público más variadas y extensas. Federico García Lorca, permaneciendo fiel a su figuración poética primera, dueño siempre de sí mismo, tiene en su poesía elementos tan poderosamente atractivos, tan universalmente asequibles, que se comprende que su obra sea de lo más popular de los líricos nuevos. Se presentó desde sus comienzos como un poeta lírico, pero ya en los años iniciales de su carrera nos encontramos con tentativas dramáticas suyas como *El maleficio de la mariposa*. Y en los últimos diez años, paralelamente con el desarrollo de su lírica, su potente y rica personalidad ha llevado adelante una obra de autor dramático que es seguramente la más importante del nuevo teatro, auténticamente poético, español. *Mariana Pineda,* pieza de tipo histórico; *Bodas de sangre, Yerma* y *Doña Rosita la soltera* definen sobradamente los contornos de un gran poeta dramático plenamente formado. Publícase ahora en las ediciones de *Cruz y Raya* la tragedia, en tres actos y siete cuadros, *Bodas de sangre,* que se estrenó en Madrid, en el Teatro Beatriz, el 8 de marzo de 1933.

¿Puede hablarse realmente en Federico García Lorca de poeta dramático y poeta lírico como de entidades distintas? Cabe, sin duda, distinguir entre sus obras dramáticas y sus obras líricas; pero al través de todas ellas se impone la impresión de unidad absoluta de su poesía, en cuanto a concepción de la vida y modo de transcribirla artísticamente. García Lorca es un caso de vitalidad poética desbordante, multiforme, pero rectilínea. Andaluz ejemplar, todo él es expresión: en su persona, en su trato, en su conversación, en sus piezas de teatro o en sus canciones circula con intensidades y plenitudes distintas de realización el mismo empuje de animación, de entera unidad humana. Por eso, al hablar de lo dramático en él, no habría necesidad, para encontrarlo ya en dosis abundantes, de llegar a sus obras teatrales. Desde sus primeros libros de poesía, particularmente en el *Primer romancero gitano,* 1928, y el *Poeta del cante jondo,* 1931, se sentía tras las formas líricas una violenta palpitación dramática. Señalemos como ejemplo su conocida *Canción de jinete.* Construida por un procedimiento estrictamente lírico, en que se ayuntan lo culto y lo popular, y sirviéndose de los recursos del estribillo, la repetición y el paralelismo, tan propios de ese tipo de poesía, nos hallamos formalmente frente a una perfecta pieza lírica. Y, no obstante, en su lírica brevedad se sintetiza una angustiosa fatalidad dramática, y la gracia de la forma contrasta hábilmente con el tormento de ese jinete de la jaca negra a quien la muerte no dejará llegar a Córdoba. Este dramatismo, cuando no aparente, subyacente siempre en la poesía lorquiana, es de pura cepa andaluza. Dramatismo popular, tradicional, que se cierne a modo de destino vital sobre los actos de la gente de la tierra del Sur. Y que nos encontraríamos, repasando cualquier colección de coplas populares, fragmentado en formas mínimas por la extensión en el cantarcillo. Es más, no sólo en estas coplas corrientes de los tiempos modernos damos con él. También en siglos distantes, modelado en forma realmente exquisita, sorprendemos el mismo acento y el mismo tono poético. ¿Cómo no sentir una misteriosa afinidad de sentimiento lírico entre algunas de las poesías primeras de Lorca y aquella maravillosa poesía de cancionero:

> Gritos, daba la morenica
> so el olivar
> que las ramas hace temblar?

Con ser muchos y señeros los poetas andaluces, ninguno puede ostentar con los mismos títulos que Lorca el mérito de haber organizado en visiones poéticas integradoras y en niveles de superior categoría lírica ese constante dramatismo popular andaluz. Y en la obra del poeta lo encontramos expresado, igual que en el cantar del pueblo, en dos aspectos. Uno, lo dramático de cada día, lo dramático en la circunstancia de la vida, la pasión y sus consecuencias destructoras en las relaciones humanas: los celos, la riña, la muerte violenta, lo que en el *Romancero gitano* significan romances como «Reyerta» y «Prendimiento de Antoñito el Camborio». Y otro que, superando el suceso, el acaecimiento dramático individual que tanto impresiona a las imaginaciones andaluzas, expresa el dramatismo esencial y genérico. Esto constituye, a nuestro juicio, la medula de la poesía de este autor: la visión del sino dramático del ser humano. En sus poesías líricas ya estaba magníficamente expresada esa concepción en momentos parciales; pero creemos que si Lorca ha recurrido al teatro es porque necesitaba organismos artísticos más complejos, más capaces de expresión amplia, para ofrecernos en toda su magnitud esa afirmación de su poesía: la fatalidad dramática del vivir terrenal. De ahí la naturalidad; más aún, la necesidad imprescindible de que Lorca pasase del estado lírico de su poesía al estado dramático. Ese dramatismo vital el pueblo andaluz lo siente en forma de supersticiones. En los romances de Lorca, espoleados siempre por vientos sobrenaturales, nos sobrecoge como misterio. Y en sus obras dramáticas se nos revela el tercer grado de esta escala: la resolución de la superstición y del misterio en la realidad última: el sino fatal del hombre.

¿En qué sentido puede llamarse tragedia popular a *Bodas de sangre?* Hay unas razones aparentes para ello. Si se recuerda la síntesis que en esta misma publicación se hizo del argumento de la obra a raíz de su estreno (véase *Indice Literario,* año IV, núm. 4, pág. 105), veremos que populares son en ella el cuadro, pueblo y campo, los personajes, labradores sencillos. Pero una tragedia no puede llamarse popular sólo porque se desarrolla entre esos tipos sociales. Tampoco podría calificarse así a esta obra por otra serie de rasgos indudablemente populares. Uno de ellos, y que juega en la obra papel esencial, es el de la rivalidad de dos familias con la secuela de venganzas y crímenes y sangre vertida. La riña, la reyerta, con una motivación fundamental, no sólo de parte de la acción, sino del carácter más fuerte de la obra, la madre. Ese tema de la riña había sido ya tratado en la fase lírica de Federico García Lorca en varias poesías. Recordemos ahora solamente «Reyerta» y «Muerte de Antoñito el Camborio», en *Romancero gitano.* El dolor de la madre, el origen de su entera y patética actitud, está expresado maravillosamente en los acentos populares del *Poema del cante jondo:*

> Que muerto se quedó en la calle
> que con un puñal en el pecho...

Este muerto en la calle puede ser muy bien el padre o el hermano del novio de *Bodas de sangre.* Popularísimo también y de pueblo andaluz es otro de los temas más obsesionantemente repetidos en *Bodas de sangre,* el instrumento material de la tragedia, la navaja. Sabido es el culto de que ha disfrutado este arma en el pueblo, que la ha considerado siempre como una especie de justicia en potencia, de justicia ejecutada por la mano que la empuña. En el *Romancero gitano* brilla y rebrilla este arma popular. En «Reyerta»:

> ... las navajas de Albacete
> bellas de sangre contraria
> relucen como los peces

y más adelante:

> Angelés con grandes alas
> de navajas de Albacete...

En los dos romances de Antoñito el Camborio:

> Están los viejos cuchillos
> tiritando bajo el polvo...

En *Bodas de sangre,* la madre, ya en la primera escena, como presagiando por dónde han de venir las desgracias nuevas, porque de allí vinieron las viejas, dice: «La navaja, la navaja...; malditas sean todas y el bribón que las inventó.» Y en la escena final del drama llega a su cúspide patética el tema que sirve como para resumir el suceso dramático:

> Vecinas: con un cuchillo,
> con un cuchillito
> en un día señalado, entre las dos y las tres,
> se mataron los dos hombres del amor...

No menor importancia tiene en el desarrollo de la tragedia otro motivo igualmente familiar en la vida del pueblo andaluz: Andalucía es tierra de caballos y de caballistas. El día que se estudien los temas que entran en la trama de la poesía de Federico García Lorca, este del caballo y el jinete se señalará como uno de los más persistentes. No ya de un modo directo, como en:

> El barco sobre la mar
> y el caballo en la montaña...

o en «La monja gitana»:

> Por los ojos de la monja
> galopan dos caballistas...,

sino sirviendo de base a algunas de sus más felices imágenes:

> Cobre amarillo, su carne
> huele a caballo y a sombra.
>
> *(Romance de «La pena negra»)*

El jinete se acercaba
tocando el tambor del llano.

> (*Romance de «Luna, luna»*)

Aridos lucen tus ojos,
paisajes de caballista.

> (*Romance de «San Gabriel»*)

... mientras el cielo reluce
como la grupa de un potro.

> (*Prendimiento de Antoñito Camborio*)

... el cielo se les antoja
una vitrina de espuelas.

> (*Romance de La Guardia Civil española*)

... una corta brisa ecuestre
salta los montes de plomo.

> (*Prendimiento de Antoñito Camborio*)

Ejemplos, todos éstos, tomados entre otros, que abundan en el *Romancero gitano*. Y recuérdese cómo también, de un modo paralelo al tema de la navaja, llega en *Bodas de sangre* el del caballo a una especie de apoteosis dramática desde el cuadro segundo, en el trozo lírico de la «Nana del caballo», lleno de presagio y misterio, hasta el final del acto primero y su intervención en el rapto de la novia. Pero con ser todos los reseñados motivos poderosos para calificar legítimamente de popular esta tragedia, no es sólo por adición, por acumulación de realidades y sentimientos populares reproducidos, por lo que merece realmente este nombre. *Bodas de sangre* es tragedia popular esencialmente, porque da materialidad, realización dramática y categoría de gran arte a un concepto de la vida humana urdido a lo largo del tiempo en las entrañas del pueblo y tradicionalmente conservado y vivo en él: la fatalidad humana, «la fuerza del sino», este subtítulo de la famosa obra de otro gran andaluz, el duque de Rivas, *Don Alvaro*.

Pero cumple decir en seguida que *Bodas de sangre*, tragedia popular, trata esa esencia y esa materia de lo popular del único modo en que ha sido posible que lo popular cobre formas de perennidad, tal y como lo trató el Renacimiento, tal y como lo trató Lope de Vega: haciendo intervenir en el proceso de corporeización artística, de encarnación de lo popular, todas las potencias magnificadoras del gran arte literario. La tragedia de Federico García Lorca no se puede llamar rústica, refiriéndonos a sus componentes sentimentales, ni realista en el sentido restrictivo de la palabra y de pura descripción. Ni mucho menos vulgar en lo que este vocablo tiene de equivocadamente fronterizo con popular. Muy bien lo demuestra la prosa en que está escrita. Si el espectador en las representaciones de la obra se dejó arrebatar por el encanto y el garbo de los trozos líricos, nunca artificiosamente superpuestos a la acción, sino participantes naturales en su desarrollo, ahora, en la lectura, cobra todo su valor el diálogo en prosa. Acaso en él puede apreciarse con mayor claridad que en nada la perfecta fusión de dos valores: la autenticidad de un lenguaje que en su vocabulario, sus giros e imágenes trasciende a cada instante a lenguaje hablado ayer y hoy por innúmeras gentes, lenguaje de un hoy determinado y de una tierra conocida, y la dignidad literaria, la tensión clásica de lenguaje no perecedero, salvado de las amenazas de lo circunstancial, que exhala esta prosa dramática, de un cuño tan inconfundible en el teatro español de hoy. Sí. Estos campesinos hablan con palabras y sentencias usaderas, corrientes. Pero la potenciación poética las va convirtiendo, conforme se dicen, en un hablar de perennidad y que, siendo de nuestros días, recuerda a trechos las más venerables y vivas formas de la prosa dramática española.

En pocas obras podrá saludarse en nuestros días un grado de unidad tan acertadamente conseguido entre el profundo aliento popular, rodado por los siglos, forjador de un concepto de la vida, y su fijación, su sublimación en las líneas perfectas y en las alas pujantes de una creación artística.

Febrero 1936

Dos elegías a un torero:
García Lorca y Alberti

En agosto de 1934, en la plaza de Manzanares, Ignacio Sánchez Mejías sufrió una cogida tan grave que le acarreó la muerte pocas horas más tarde. Era Ignacio Sánchez Mejías, aparte de sus condiciones de lidiador, un hombre de excepcional temple y carácter. Por algún tiempo había puesto su atención en el teatro, estrenando una obra, *Sinrazón,* de corte moderno y reveladora de un temperamento dramático evidente. Sin responder en modo alguno al tipo del intelectual con todas sus limitaciones, Sánchez Mejías contaba con excelentes amistades en el grupo de los nuevos escritores de España. Dos de sus mejores amigos, precisamente los dos poetas más señalados en el grupo andaluz de nuestra lírica joven, Federico García Lorca y Rafael Alberti, le han consagrado estas dos elegías que reseñamos hoy. Apártese, pues, de la mente lo que el título de este artículo pudiera suscitar sobre fácil pintoresquismo o literatura de pandereta. Las elegías de García Lorca y Alberti son dos tributos puros de amistad a la memoria de un ser humano con quien convivieron; en modo alguno, diversiones líricas sobre un tema colorista. Precisamente de esa sinceridad humana arranca la pura virtud elegíaca, la altura lírica de estas dos obras.

La de Federico García Lorca se titula *Llanto por Ignacio Sánchez Mejías*. Va dividida en cuatro partes y en ellas se condensan, en momento de culminación, las cualidades distintivas de este poeta. El *Llanto* pudiera mirarse como una síntesis de la poesía lorquiana. Indudablemente, la muerte de un torero, tomada como tema literario e independientemente de la relación humana a que antes aludíamos, es asunto de poderosa atracción para ese género de poesía andaluza que han cultivado magistralmente Lorca y Alberti, y donde la gracia de la fiesta española asume, por fuerza del destino, una trágica grandeza. El dramatismo radical de la poesía de García Lorca tenía que encontrar aquí, como ha encontrado, una fecunda mina. La primera parte de la elegía se llama «La cogida y la muerte». Es de una construcción tan sencilla como penetrante su efecto. Versos endecasílabos alternados con un solo verso octosílabo que se repite desde el principio hasta el final de la composición, como un estribillo, si atendemos a lo puramente formal; como un rítmico e incesante doblar de campanas, si nos fijamos en la sonoridad; como una obsesión angustiosa, sobrecogedora, en su efecto sobre el espíritu. La cogida se describe con una alternancia de procedimiento realista subrayado por el estribillo «a las cinco de la tarde» y de reales visiones poéticas. Si bien se mira, la mayoría de los elementos verbales que maneja el poeta, el vocabulario, pertenece todo a la esfera de lo concreto. «La blanca sábana», «la espuerta de cal», «los algodones», «muslo y asta», «arsénico», «yodo», «gangrena», «ingles», ofrecen al lector todos los asideros plásticos rememorativos de la escena real. Pero su combinación se trasfunde siempre al puro plano sobrerreal, poético. «La blanca sábana» la trae un niño; «el yodo» cubre la plaza entera; «la gangrena llega a lo lejos», sube «por las *verdes ingles, como una trompa de lirio*». La segunda parte lleva el nombre de «La sangre derramada». En un gran trecho se desenvuelve en forma de romance, en la clásica forma española, a la que Lorca ha dado en sus obras significación y realce novísimos.

«Por las gradas sube Ignacio — con toda su muerte a cuestas.» El motivo poético de esta parte es el terror al ver esa sangre, expresado en un verso de estricto corte de poesía andaluza, que asoma de cuando en cuando a lo largo de la poesía: «que no quiero verla, no me digáis que la vea, yo no quiero verla». Por momentos se sienten las mejores y más nobles resonancias de la poesía elegíaca española en estos versos: la de Jorge Manrique. La tradición y la novedad casan, maridaje perfecto, en ciertas tiradas.

> ¡Qué gran torero en la plaza!
> ¡Qué buen serrano en la sierra!
> ¡Qué blando con las espigas!
> ¡Qué duro con las espuelas!
> ¡Qué tierno con el rocío!
> ¡Qué deslumbrante en la feria!
> ¡Qué tremendo con las últimas
> banderillas de tiniebla!

La riqueza de colorido, tan típica en la poesía de García Lorca, se formula con patética sencillez y con simbólico patetismo: «¡Oh blanco muro de España! — ¡Oh negro toro de pena!» Hasta ahora el poeta, en estas dos partes, nos recuerda las primeras fases de su obra anterior, el *Romancero gitano,* el *Poema del cante jondo.* El sentido del dramatismo andaluz, la queja gritada, el plañido desgarrador atravesando como relámpago el curso de lo narrativo. Pero este dramatismo cobra una profundidad que antes no tenía al referirlo a la realidad del tema, a la mortal anécdota del hombre, Ignacio Sánchez Mejías. La tercera y cuarta partes, más breves, nos trasladan ya a la fase última de la poesía de García Lorca, no recogida aún en libros y sólo asequible en poemas publicados en diversas revistas, y que empieza con la *Oda a Salvador Dalí.* «Cuerpo presente», que es el rótulo de la tercera, está escrita en estrofas libres de alejandrinos. Es una meditación poética frente a un cadáver. Ningún espectáculo más tremendo que el mirar así, cara a cara, un cuerpo muerto. Para esa contemplación se requiere el máximo valor humano: «Yo quiero ver aquí los hombres de voz dura. — Los que doman caballos y dominan los ríos...» No es ciertamente poesía descriptiva; lo descrito es puro arranque para que se eleve el vuelo lírico. Y, no obstante, en esos toques descriptivos de esta parte del *Llanto* percibimos de nuevo (como antes percibíamos los ecos de una gran tradición española, la de Jorge Manrique) la reminiscencia, mejor dicho, la tradición de otro modo español de contemplar la muerte: el cruel realismo funerario, macabro, de un Valdés Leal o de un Quevedo. «Un silencio con heladores reposa.» «Estamos con un cuerpo presente que se esfuma...», «... y la vemos llenarse de agujeros sin fondo.» La parte final del poema, muy breve, es «Alma ausente». La muerte hace de su víctima un desconocido, un irrevocable desconocido: «No te conoce el toro ni la higuera — ni caballos ni hormigas de tu casa.» Todo muerto está definitivamente muerto. Nadie lo conoce ya. Pero el poeta le canta. El canto es una forma final de conocimiento y de salvación. Y la última impresión que en el poeta deja el recuerdo, y con la cual termina el *Llanto,* es de elegía esencial, el recuerdo «de una brisa triste por los olivos». Con ser relativamente breve, este poema de Lorca señala un máximo nivel de su lírica. Sin renunciar a lo que ella tuvo siempre de realismo terrenal, de acento étnico, siendo poesía entrañablemente andaluza e hispánica en sus modos de expresión poética, adquiere un alcance más universal y más profundo que nunca tuvo. El verdadero realismo español, de alma y cuerpo.

Meses más tarde ha aparecido en una edición limitada, hecha en Méjico, otra obra pareja a la de García Lorca: *Verte y no verte,* por Rafael Alberti. La constituye igualmente una breve serie de poesías consagradas a la muerte del torero, acaecida cuando el poeta se hallaba muy lejos de España, y escritas en Méjico, a la vista de la arena de aquellas plazas, donde Sánchez Mejías tuvo grandes triunfos. El título del poema resume con insuperable acierto la terrible instantaneidad y lo irrevocablemente perdurable del morir. Todo ello cosa de un momento, *verte y no verte.* Y todo ello para siempre, no volver nunca más a ver lo que se veía. También parece que Rafael Alberti, sin proponérselo, por pura efusión de espíritu amigo, haya querido ofrendar a la memoria de Sánchez Mejías una síntesis de su personalidad poética. En su elegía nos encontramos con la cabal represen-

tación de las modalidades por que ha pasado la lírica de
Alberti. En primer término, unas cuantas seguidillas, sueltas
unas veces, en forma serial otras, de exquisito sabor popular,
como éstas, donde se nos da, sencilla y penetrante, la iniciación espiritual del poema:

> Por el mar Negro un barco
> va a Rumanía.
> Por caminos sin agua
> va tu agonía.
> Verte y no verte.
> Yo, lejos navegando;
> tú, por la muerte.

Luego, formando como una especie de tema reiterativo,
los cuatro sonetos que llevan el mismo título, «El toro de la
muerte», y que sirven como de descansos intercalados entre
las restantes poesías. Este toro de la muerte es, sí, el toro
que mató a Sánchez Mejías; pero su forma animal se agiganta en estos sonetos y se nos convierte en toro de sombras,
en imagen del destino mortal del hombre, a cuya cogida nadie puede escapar.

> Ser sombra armada contra luz armada,
> escarmiento mortal contra escarmiento,
> toro sin llanto contra el más valiente.

Del suceso del toro y el torero, de la cogida en la plaza,
el ánimo pasa, guiado por el arrebato lírico de Alberti, a la
figuración del poder de la muerte, misterioso e inevitable,
en un toro imposible de esquivar, y que también despierta
en la memoria el recuerdo de las primeras representaciones
plásticas hechas en España, los toros entre sombras de la
cueva de Altamira. Los cuatro sonetos, por su maestría formal, los tercetos que terminan el poema «Dos arenas», re-
presentarían muy bien la etapa poética clasicista de Alberti,
el Alberti de *Cal y canto*. Las restantes poesías, en número
de cinco, del poema entran ya por completo en la zona final de la lírica de Alberti, la que comienza en *Sobre los
ángeles*. Si fuera necesario señalarles una tendencia inmediata, la encontraríamos en la «Elegía a Fernando Villalón»,
publicada en *Poesía*. Forma completamente libre tendiendo

al versículo; ideas poéticas asociadas por razones estrictamente poéticas, opuestas a toda responsabilidad lógica. Aquí la voz elegíaca se hace más amplia y profunda. Estos poemas son monólogos líricos, discursos poéticos interiores. De cuando en cuando se hace pie en la realidad en frases como «a mí, toro»; «para qué os quiero, pies»; «para qué os quiero»; pero la mente se lanza en seguida a la aventura de las profundidades, a la busca entre tentativas sesgadas y caprichosas, a veces irónicas, de la poesía que no se preocupa de lo real.

Los dos poemas, coincidiendo en la ocasión, en el tema y en el propósito, son, sin embargo, perfectamente distintos. Valen como dos realizaciones de insuperada felicidad en la historia poética de estos dos autores y, además, son una muestra única de la actitud de la moderna lírica española frente al tema de la muerte.

Noviembre 1935.

Vicente Aleixandre entre la destrucción y el amor

Hasta la aparición de libro *La destrucción o el amor* era Vicente Aleixandre, con sus volúmenes de versos publicados (*Ambito*, 1928; *Espadas como labios,* 1932), un poeta de personalidad ya marcada, estimado en un reducido círculo como una segura fuerza del porvenir lírico español. Ahora su figura poética se corona, sin duda alguna de trazo ni de intensidad, con esta obra importantísima, que obtuvo en 1934 el primer premio en el Concurso Nacional de Literatura. Las nuevas formas y apetencias líricas de tipo superrealista, hablando en general, que desde hace unos años, en tentativas, curiosas unas, francamente acertadas otras, venían intentando abrir un nuevo camino en nuestra lírica, han encontrado ya (sea esa tendencia todo lo discutible y sujeta a debate que se quiera) su perfección en el libro de Aleixandre.

Poesía difícil, no hay duda. Difícil en su acceso, en los caminos por que llega al lector, pero en el fondo tan clara y tan evidente en su sentimiento, en su radical esencia poética, como la buena poesía de todos los tiempos. ¿Qué hacer con el poeta difícil contemporáneo? El poeta clásico difícil, aureolado con el respeto que imprime el paso del tiempo, revestido de su dignidad de clásico, goza ya de una relativa fortuna: respeto, acumulación de comentarios explicativos a lo largo del tiempo, luz arrojada sobre lo arduo de su intento por los posteriores avances de la literatura. Pero la suerte del poeta llamado difícil en sus propios días, en nuestros días, es mucho peor. Negación franca en unos; reserva en los cautos que esperan a ver lo que van diciendo los demás. Hasta la defensa, confiada casi siempre a panegiristas apasionados, suele serle de más daño que provecho. Y tiene que esperar, no se sabe cuánto, un juicio imparcial, movido por deseo de simple justicia. Las historias literarias, la crítica oficial, le cierran sus puertas, basándose en ese curioso temor a opinar honradamente sobre lo de hoy: como si una cabeza crítica capaz de discurrir bien sobre el fenómeno literario de hace un siglo perdiera las entendederas al encararse con el fenómeno literario actual. Y por miedo, por timidez, por cautela de los demás, el poeta queda, y no es culpa suya, acorralado en un círculo estrecho, con las puertas cerradas al contacto con el gran público, que muchas veces se merece. Es obra de justicia estricta señalar a los aficionados a la poesía, a los interesados en la historia viva y de hoy de una literatura, estas apariciones, cuando sin temor a errar se las puede considerar con densidad y valor suficientes en su época para definirla y caracterizarla en una de sus facetas auténticas.

En la misma valentía del título ya nos adelanta Aleixandre el carácter de su obra: *La destrucción o el amor.* Así afirma el poeta la equivalencia de dos nociones, que se dan para muchos como opuestas y contrarias, y que él, en ese título, tiene por la misma cosa. Claro es que ni filosófica ni poéticamente es nueva esa visión. Para muchos poetas y pensadores, el amor es fuente de vida, es potencia creadora inagotable, cuya misión incesante consiste precisamente en reponer las bajas continuas de las fuerzas destructoras. No son tan sólo los seres humanos y sus actos criaturas del amor; también los movimientos de las estrellas están guiados por el amoroso impulso. *(Amor che muove el sole e d'altre*

stelle.) Mil ejemplos nos da toda la literatura del Renacimiento de esta concepción de la vida. Pero ya en el Renacimiento también se insinúa la idea de que los caminos del
amor desembocan impensadamente en su enemiga y que los
protagonistas de esa pasión son consumidos por la misma
fuerza que crearon. Con el romanticismo amor y muerte se
emparejan, y en otro gran poeta italiano, Leopardi, vemos
engendrados por la suerte, al mismo tiempo, a la muerte
y al amor. En la raíz misma del libro, expresada en su título, nos hallamos ya con una actitud espiritual romántica,
afirmación de los contrarios, desordenación de los valores
usados del mundo, confusión de términos en la mente humana, ruptura de fronteras, rumbo hacia una especie de caó-
tica oscura existencia primitiva. Esa visión romántica de la
identidad esencial de amor y muerte se corrobora en varios
pasajes del libro; trágicamente a veces, como cuando escribe
el poeta:

> Aguilas de metal sonorísimo
> cantan la ira de amar los corazones,
> amarlos con las garras estrujando su muerte;

lánguida y vencidamente otras, como en el verso:

> Quiero amor o la muerte, quiero morir del todo.

El romántico piensa que la vida es soledad y desamparo, lugar de sufrimiento, donde la felicidad y el reposo huyen
como sombras delante del hombre que las persigue, aunque
por un momento se engaña creyendo que las tenía en los
brazos. Escribe Aleixandre:

> La soledad destella en el mundo sin amor.
> La vida es una vívida corteza,
> una rugosa piel inmóvil
> donde el hombre no puede encontrar su descanso
> por más que aplique su sueño contra un astro apagado.

¿Cuál es para un romántico la realidad de la existencia, abru-
madoramente presente, entre vagos destellos de felicidad fu-
gitiva, que por su contraste la hacen más heridora aún? El
dolor. En un poema que Aleixandre titula significativamente

«Humana voz», esto es, expresión de la verdad del hombre,
se siente el mundo entero como dolor.

> Duele la cicatriz de la luz,
> duele la habitación como la caja del pecho.

Duelen el día y la noche, las plumas del gallo y la avellana,
la ciencia, el candor. En los versos finales:

> Duele el dolor. Te amo.
> Duele, duele, te amo,

se expresa en la reiteración la terrible necesidad de amar en
dolor, de aceptar la vida en su forma sufridora. Pero ni siquiera el amor puede servir de fe ni de consuelo:

¿Por qué besar tus labios si se sabe que la muerte está próxima?

Y así, en el libro el son romántico nos acaricia la memoria,
no sólo en los sentimientos motores de la poesía, sino en
versos sueltos, tomados al azar:

> Cuánta tristeza en una hoja del otoño.
> ¡Oh verdad, oh morir en una noche de otoño!

En torno del amor y del dolor se agitan en el libro de
Aleixandre todos los temas de la gran poesía romántica. Así,
el enigma del mundo, su grandeza y su misterio. «El mundo
encierra la verdad de la vida», dice. En uno de los poemas
mejores del libro, titulado «Quiero saber», el poeta interroga
desesperadamente:

> Dime pronto el secreto de tu existencia.
> Quiero saber por qué la piedra no es de pluma...
> Quiero saber altura, mar vago o infinito;
> si el mar es esa oculta duda que me embriaga.

Para saberlo, el poeta se lanza frenéticamente hacia el mundo exterior, como las águilas de su poema,

> Las plumas de metal
> las garras poderosas,
> con el afán
> de poder al fin besar lo exterior de la tierra.

Ese exterior terrenal tiene una representación magnífica en
la poesía de Aleixandre. Toda ella es una profusión de temas naturales. El mundo animal, el mundo vegetal, aparte de
dar tema a muchos poemas del libro, se entretejen constantemente con los pensamientos y sentimientos del poeta, y el
libro adquiere en momentos soberbios vislumbres de selva
virgen, donde animales feroces, plantas desmesuradas, lianas,
cercan al hombre perdido que se busca entre ellos, debatiéndose en estériles esfuerzos. En el poema «El escarabajo», el
poeta ve al animal como «un tristísimo minuto», un mundo
menudísimo, cuyo caparazón imita a veces el ala, y en el
cual gime la sangre. Este escarabajo, «La cobra», en el poema
así titulado, y «Las águilas» son tres visiones de la angustia
y el afán de la existencia vagamente encarnados en la vida
animal. El bosque y el mar, la noche, la aurora, la luz (otros
tantos temas del libro), son formas del amor y el dolor del
mundo, de su pugna repetida. Acaso la vida sea sólo un

> tenderse en la tierra,
> esperar que la vida sea una fresca rosa en uno,

como una floración más de la naturaleza. Aquí, en esta poesía panteísta, en ese inclinarse fervoroso sobre la naturaleza
en todas sus formas, es donde el libro alcanza, en contraste
con el sentimiento dominante de destrucción, los acentos más
puros de amor afirmativo a cosas y seres naturales, de más
encendido ímpetu amoroso, de lirismo de más alto nivel. El
libro de Aleixandre es en estos poemas libro ante todo de
amor. Y aquí también es donde alguna vez se remansa el
tumultuoso caudal de la angustia, y la poesía, como un agua
aquietada, se permite por unos momentos reflejar formas
serenas y creer en un día feliz:

> Canto el cielo feliz, el azul que despunta,
> canto la dicha de amar dulces criaturas,
> de amar a lo que nace bajo las piedras limpias,
> agua, flor, hoja, sed, lámina, río o viento,
> amorosa presencia de un día que sé que existe.

La unión del poeta con el mundo circundante, su inmersión
en formas, luces y colores, confundidos todos, y él con todos

confundido, proclama una nueva calidad de la poesía romántica. Es esa ambición cósmica, ese afán de aspirar a vivir, precisamente porque la vida individual se siente dolorida e incierta, abrazándose a los cielos y a la hierba, según dice el poeta en la poesía «La noche»:

Como joven silencio, como verde o laurel;
como la sombra de un tigre hermoso que surge de la selva;
como alegre retención de los rayos del sol en el plano del agua;
como la viva burbuja que un pez dorado inscribe en el azul del
                                                              [cielo.

El anhelo de fusión da en la confusión. Esa sensación vastamente confusa del libro, donde los límites humanos, animales, vegetales, se desvanecen, ofreciéndonos una especie de criatura total e indeterminada, el mundo, nos expresa el camino profundamente lógico por donde el individuo ha ido a perderse en lo cósmico. No busca tras ello, como el místico cristiano, a Dios. Más bien es una forma de desesperación, de aniquilación de la persona humana y sus angustias en los latidos, y el volar y el arrastre de las innumerables formas que constituyen la vida total y donde el individuo ya puede prescindir de su responsabilidad, abdicando de su intimidad en las fuerzas exteriores. Es un panteísmo pesimista. Cosmos, no como motivo de admiración, místico panteísmo arrobado, no, sino como disolvente del hombre, de su amor y su destrucción en los mil multiplicados amores y muertes de la naturaleza, como refugio de la desesperada angustia sin la sonrisa del cielo al final. Porque al fin la dicha suprema no es la salvación, el hallazgo de la luz última, como en la poesía mística, sino la muerte y la destrucción, tal y como se expresa en estos versos, ecos del título del libro:

Entonces la dicha, la oscura dicha de morir,
de comprender que el mundo es un grano que se deshará.
La dicha consistirá en deshacerse como lo minúsculo.

Dios es el orden supremo. El místico, en su afán de fundirse con lo exterior, busca su orden. Aquí la poesía se sumerge en el intrincado desorden con que el mundo se aparece y duele al que no le contempla dominado por una esencia or-

denadora de origen divino. En la poesía de Aleixandre la
sensualidad cósmica está sirviendo a la desesperación humana, sin salida.

Hasta ahora, en este somero repaso de temas, nos hemos
tropezado con la visión del mundo y la sensibilidad romántica frecuentemente. Cabría calificar a Aleixandre como
poeta inscrito dentro del círculo neorromántico, cada día
más poderoso, de la poesía moderna. Pero si nos volvemos
ahora a estudiar su lenguaje, su expresión poética, nos ha-
llaremos en tangencia con otra escuela muy de hoy: el superrealismo. No hay en eso contradicción ni mera superposición accidental. En cierto modo, el superrealismo, o las
escuelas afines que desde hace veinte años bullen en las
letras, podrían tomarse como una consecuencia extrema,
desmesurada, de lo romántico. Así como la razón era la
enemiga de los románticos, la gran heroína clásica con que
luchaban, la lógica es la bestia negra del superrealismo, cuyo
esfuerzo se concentra en sofocarla, en ensordecer ante su
voz y atender a otras oscuras y profundas. Aleixandre no es
un poeta superrealista. Ha pasado junto a esta escuela, y
en su lengua poética adopta decididamente y con una bri-
llantez y acierto no superados en español, ni acaso en otros
idiomas, todas las libertades ofrecidas por esta escuela. Pero
hay en su poesía una lógica interna que se soterra a veces,
dando la impresión de incoherencia absoluta, aunque no
puede engañar. La liberación de la lógica, el abandono del
poeta al dictado de lo inconsciente, que existe sin duda en
este libro a trechos, no pasa de un plano subordinado, no
afecta a la génesis del poema, no es sistema. El poema es
siempre fiel a su arranque, a su idea, a la que vemos nacer,
ya con el título muchas veces, y desarrollarse, no obstante
todas las desviaciones y caprichos incidentales de su curso,
con absoluta lógica poética. Entre las diversas fases o términos del poema no se da, es cierto, un encadenamiento
conceptual riguroso. Pero hay una impresión final, unitaria
del poema, y se percibe que a través de las licencias y escapadas de la lógica que el poeta se permite, la idea poética
no deja de dominar el conjunto. «La luz», «Las águilas»,
«Se querían», por no citar sino tres de los mejores poemas

del libro, jamás se podrían calificar ni aproximativamente
como poemas superrealistas sin incurrir en superficial ligereza. Es en el lenguaje figurado, en las metáforas y transposiciones poéticas de la realidad donde Aleixandre ha apro-
vechado amplia y certeramente las adquisiciones del superrealismo. La diferencia entre el lenguaje figurado de la
poesía clásica y el de la moderna es que en aquélla, por
mucho que el término metafórico se alejase de su punto
de partida real, una inteligencia fina y sensible podía encontrar siempre las relaciones lógicas, la posibilidad de acercamiento objetivo entre el objeto figurado y su figuración.

> Quejándose venían sobre el guante
> Los raudos torbellinos de Noruega,

escribió Góngora. Estos dos versos quieren decir sencillamente que los azores, pájaros rápidos como el torbellino y
que solían traerse de Escandinavia, al regreso de la caza
venían gritando de fatiga en el guante del halconero. Tal
interpretación es irrebatible y única. Pero véase como ejemplo de trozo de lenguaje figurado moderno éste de Aleixandre:

> Los pechos por tierra tienen forma de arpa,
> pero cuán mudamente ocultan su beso
> ese arpegio de agua que hacen unos labios
> cuando se acercan a la corriente mientras cantan las liras.

Dificilísimo, y seguramente inútil, sería querer encontrar los
nexos lógicos aquí; el primer verso, por ejemplo, no tiene
justificación objetiva posible, y de la misma manera, tan
injustamente, podría afirmarse que es una insensatez como
que es un hallazgo genial. Tampoco se puede percibir por
vía analítica su correlación con el segundo, ni aun con los
restantes. Pero ¿cómo se va a negar que sobre todas esas
positivas incoherencias y desatinos lógicos reina un tipo poético, misteriosamente logrado, y que las palabras *arpa, arpe-*
gio, cantan, lira, en una serie, y *pechos, beso, labios, acer-*
can, en otra, dan a la sensibilidad apoyos suficientes, por
tenues que sean, para captar una bellísima impresión poética,
que al fin y al cabo no está muy lejos de la que traen ciertos

paisajes de Garcilaso? Es decir, que las transposiciones figu-
rativas del poeta han logrado crear una forma de vida, por
indeterminada, que sea capaz de impresionar a otros seres,
en las palabras de que se sirve en su referencia a los objetos
reales y a sus relaciones objetivas. Pero precisamente en
ese ejemplo se apreciará también que a lo largo del pasaje
los elementos —esas palabras citadas— que se van transmi-
tiendo de uno a otro, como una antorcha, las posibilidades
de percepción poética del poema, triunfan sobre los otros,
que parecen contrariarlas o detenerlas.

En suma, en el libro de Aleixandre la dificultad a que
aludíamos al principio de este artículo no significa vacui-
dad caprichosa ni prurito de deslumbramiento externo. Es
más, esa confusión dramática, esa lucha de contrarios que
se da en el poeta y en el mundo, ese crecer monstruoso de
formas naturales que luchan cada cual oscuramente por hallarse su significación, se expresan perfectamente en ese lenguaje de Aleixandre, hirviente, lujurioso verbalmente a
veces, impuro, tanteante, lleno de oscuridades y de angustias interpretativas, entre las cuales el espíritu del lector
pugna también por hallar el sentido, como el poeta se lo
busca al mundo. Uno de los valores de Aleixandre en este
libro será, a nuestro juicio, el haber dado a la poesía española ejemplo de un instrumento de expresión lírica, de
magnífica altura verbal, movido, rico, de fuerza plástica
certera y de sutileza bastante para llegar a las más finas
capas de los estados poéticos. Se comprende que las muchas
personas que se sientan por completo ajenas, por respetabi-
lísimas razones de criterio estético, de formación, a este linaje de poesía, rechacen este libro. Pero en la evolución inno-
vadora de nuestra lírica de hoy su significación nos parece
capital. Y en la galería de poetas españoles del siglo XX la
personalidad de Vicente Aleixandre tendrá que figurar,
desde la publicación de este libro, donde estén los primeros.
Entre las negociaciones y resistencias prevalecerá a la larga
el verso del poeta:

        Nadie puede ignorar la presencia del que vive.

Mayo 1935.

Luis Cernuda, poeta

La realidad y el deseo es el título que ha dado el poeta Luis Cernuda a la colección de su obra poética completa, escrita, poco más o menos, en los diez últimos años. Contiene *La realidad y el deseo* las *Primeras poesías,* que vienen a ser una selección del primer libro publicado por el poeta, *Perfil del aire.* Otra segunda parte, *Egloga, Elegía, Oda,* a la que siguen *Un río de amor, Los placeres prohibidos, Donde habite el olvido* e *Invocaciones a las gracias del mundo.* ¿Cabe hacer una clasificación de estos libros menores que componen *La realidad y el deseo* en la cual se destaquen los distintos matices a primera vista apreciables en el curso de la poesía de Cernuda? De intentarlo diríamos que las *Primeras poesías* y la *Egloga, Elegía, Oda,* son el momento de iniciación poética, francamente reveladoras de una segura y auténtica vocación por la poesía, libros llenos ya de aciertos y perfecciones, pero donde el poeta todavía no ha encontrado su zona propia e inconfundible de canto. Los tres libritos centrales —*Un río de amor, Los placeres prohi-*

bidos, Donde habite el olvido— representan la plena posesión de un concepto de la poesía, de una voz poética y de
unos recursos expresivos del todo originales y reveladores.
Es la fase más empapada de elementos románticos de su
poesía. En cuanto a la parte final, *Invocaciones a las gracias
del mundo,* parece representar un acceso a un concepto más
amplio y sereno de la lírica, donde, aunque perduran las
vibraciones románticas, se las ve alentar con amplitud y
serenidad de clasicismo.

El título de la compilación corresponde a la entraña del
drama del hombre, tal y como se la plantearon los románticos. Realidad y deseo enfrentados, como el luchador y la
fiera en el coso del mundo. El hombre desea sin tasa y sin
concreción: el mundo le ofrece, por un lado, concreciones
—la realidad es concreción—; por otro, tasa, porque la realidad nos está inevitablemente tasada. Y así el conflicto
nunca tendrá solución. Porque apenas el deseo aprehende
la concreción de lo real, la suelta desengañado, porque en
la realidad hay siempre, al propio tiempo que una satisfac-
ción del deseo, una tasa a su incesante afán. En la visión romántica del mundo, la criatura humana, pequeña e insig-
nificante en sí misma, se agiganta por el pujante vuelo de
deseos inmensos a que sirve de apoyo material; y, en cambio, la magnitud real del cosmos se achica y se reduce a
las proporciones de una nuez vacía, de un desengaño. Como
ha dicho otro poeta contemporáneo, Jorge Guillén, *el mundo cabe en un olvido.*

En la poesía de Luis Cernuda se sigue, a través de matices delicados y finos, esta trayectoria del vivir espiritual
romántico. El deseo es una aspiración, interrogante que cla-
mará siempre sin poder ser contestada:

> ... El deseo es una pregunta
> Cuya respuesta no existe,
> Una hoja cuya rama no existe,
> Un mundo cuyo cielo no existe.

> *(No decía palabras)*

La desgracia del hombre, su condena a ser eso que afirma
el poeta, pregunta sin respuesta, hoja sin rama, está en la

desproporción inevitable entre los medios de que dispone el ser humano y la vastedad de lo deseado.

> Un día comprendió cómo sus brazos eran
> Solamente de nubes:
> Imposible con nubes estrechar hasta el fondo
> Un cuerpo, una fortuna.
>
> *(Desdicha)*

La vida y el mundo no pueden ser, por consiguiente, para el poeta posesión gozosa ni triunfo jubiloso. No pasará de ser un continuo deslizarse entre sombras:

> Tu destino será escuchar lo que digan
> Las sombras inclinadas sobre la cuna.
>
> *(De qué país)*

Entre ellas habrá de vivir, entre «Los fantasmas del deseo», como titula Cernuda una de sus poesías, entre «sombras frágiles, blancas». Algunas veces estas sombras se apoyan en concretas formas terrenales. Nos encontramos de pronto entre las poesías del libro algunas tituladas «Daytona», «Nevada» (el Estado de Nevada), «Durango», lugares que el poeta no conoce, pero que le sirven de estaciones terrenales, momentáneas, del deseo. Pero pronto la tierra, la arena, se queda sola en su verdad de mentira:

> Como la arena, tierra,
> Como la arena misma,
> La caricia es mentira, el amor es mentira, la amistad es mentira.
> [Tú sola quedas con el deseo.
>
> *(Los fantasmas del deseo)*

Y el final de la vida nos sorprenderá tan desnudos y tan desamparados de certidumbres como nos encontró al nacer:

> Cuando la muerte quiera
> Una verdad quitar de entre mis manos,
> Las hallará vacías, como en la adolescencia
> Recientes de deseo, tendidas hacia el aire.
>
> *(Poesía VII de Donde habite el olvido)*

Pero obsérvese la profunda significación poética del último verso: aun en el momento final el deseo se siente reciente, las manos continúan tendidas implorando. Lo que sustenta la vida y le da razón de ser es ese tender las manos, es el desear anhelante, aunque no pueda nunca apresar una verdad.

Esta imposibilidad de contacto absoluto y posesorio con la realidad da a la visión del poeta su carácter esencial, y es que el mundo para él no será ni lo poseído materialmente ni siquiera lo poseído por el sentimiento, lo sentido. No pasa de ser un presentimiento, un estado de angustiosa preconciencia:

> Y su forma revela
> Un mundo eternamente presentido.
>
> *(Oda)*

Tal es, en efecto, el mundo poético de Cernuda. Fidelísima su poesía a esa concepción, por eso nos encontramos que en ella pululan las sombras, los fantasmas, las prerrealidades. De ahí le viene ese carácter inmaterial, aéreo, de ligereza y gracia incomparables, de una delicadísima espiritualidad, que califica a Cernuda con inconfundible trazo entre todos los demás poetas españoles de hoy. De ahí deriva esa especie de extraterrenalidad, de aspiración celeste, que expresan estos versos, en donde hallamos una fraterna afinidad con el final de la *Egloga primera,* de Garcilaso:

> Hacia el último cielo
> Donde estrellas
> Sus labios dan a otras estrellas,
> Donde mis ojos, estos ojos
> Se despiertan en otros.
>
> *(Todo esto por amor)*

Poblado este mundo presentido de fantasmas y de sombras, es inevitable que el poeta se sienta siempre en soledad. El libro de Cernuda es el hermoso y último ejemplo de esa poesía de la soledad empezada a estudiar históricamente por Karl Vossler *(Poesie der Finsamkeit in Spanien)* y que casi nunca se interrumpe a través de los siglos, en una u

otra forma, en la lírica española. Es poesía de soledades
la de Cernuda, con todo lo que ese hermoso vocablo ha sido
cargado sobre sí de riqueza de aspectos, en el curso de nuestra historia espiritual. *Soledad amorosa,* como escribe el
poeta y como era la de Garcilaso. Soledad del deseo y de la
aspiración, como en fray Luis de León y San Juan de la
Cruz. Soledad del anhelo desengañado, como en Bécquer.
Constantemente se repiten en el libro las expresiones refe-
rentes a la soledad del ser humano. El poeta está solo en
el universo:

> Solo yo con mi vida,
> Con mi parte en el mundo.
>
> *(Dans ma péniche)*

> Un muro, ¿no comprendes?
> Un muro frente al cual estoy solo.
>
> *(Telarañas cuelgan de la razón)*

> Sin vida está viviendo profundamente:
>
> *(Habitación de al lado)*

Ni siquiera el amor es otra cosa, es un enajenamiento del
hombre. No pasa de una nueva forma de la soledad:

> ... Ese triste trabajo
> De ser yo solo el amor y su imagen.
>
> *(Veía sentado)*

Y la única compañera posible en la vida es la no vida, su
negación:

> Sabiendo nada más que vivir es estar a solas con la muerte.

Este sentimiento de la soledad traspasa los límites del individuo y se aplica a lo que le rodea:

> Sí, la tierra está sola, a solas canta...
>
> *(Decidme anoche)*

Pero precisamente este es el milagro de la poesía. La soledad que parece ser negación de la compañía, vacío insonda-
ble *(inestable vacío sin alba ni crepúsculo),* donde nada

cabe esperar *(¿Y a qué esperar amor? Sólo un hastío)*, viene a convertirse, por fuerza de su presencia constante ante el alma del poeta, en algo como una compañera. Y ella, que parecía negarlo todo, dará lo necesario para tapar su propio hueco:

> ¿Cómo llenarte, soledad,
> Sino contigo misma?

> *(Soliloquio del Jarero)*

Así esta poesía de la soledad en Cernuda, en vez de dejar el ánimo desesperado, desgarrado, le hace fondear consoladoramente en ese sentimiento de una soledad activa, positiva, la única capaz de curar la misma herida que hace.

Y es que esa soledad del poeta, si bien lo es porque no se siente cercado de realidades, no llega a serlo enteramente porque Cernuda constituye sutilmente a las realidades sus fantasmas y sus sombras: los olvidos. En *La realidad y el deseo* acaso no abunde tanto ninguna palabra esencial como ésta: olvido. Así se completa el proceso de visión del mundo de Cernuda. Veíamos antes que en Cernuda el mundo era lo presentido, forma de anterrealidad. Veamos ahora cómo es lo olvidado, el olvido, forma de posrealidad.

> Amor color de olvido.

> *(La canción del Oeste)*

Y cuán dulce será rodar igual que tú, del otro lado, en el olvido.

> *(El joven marino)*

> Un vidrio que despierta formas color de olvido.
> Olvidos de tristeza, de un amor de la vida.

> *(Cuerpo en pena)*

El mismo deseo, aunque parece posarse en el amor, lo traspasa:

> Vivo un solo deseo,
> Un afán claro, unánime:
> Afán de amor y olvido.

> *(Poesía VII. Primeras poesías)*

Y ni siquiera el olvido es término de sí mismo. Cernuda profundiza con implacable agudeza poética en esa noción y encuentra una última forma del olvidar, que es olvidarse del propio olvido.

> Como el olvido está dentro del olvido.
> Como un amor está dentro de otro.
>
> *(Vieja ribera)*

> No, no quisiera volver,
> sino morir aún más.
> Arrancar una sombra.
> Olvidar un olvido.
>
> (Poesía VII. *Donde habite el olvido*)

En el proceso de desmaterialización de la realidad, el primer paso es el recuerdo, forma mental de lo que ha sido. El segundo es el olvido de lo recobrado, en que ya aquella realidad parece deshacerse por completo, aniquilarse. Cernuda encuentra una tercera forma implacable: olvidar el mismo olvido. Pero por una trayectoria pareja a la que anteriormente mostramos de cómo la soledad, valor negativo de compañía, se convertía en compañera, así también, al final de este drama en que consiste el olvido del propio olvido, nos encontramos con una conversión análoga, reveladora de lo penetrante y sutil de esta visión poética:

> Luchamos por fijar nuestro anhelo
> Como si hubiera alguien más fuerte que nosotros
> Que tuviera en memoria nuestro olvido.
>
> *(Himno a la tristeza)*

Es decir, puede existir, por paradójico que esto sea lógicamente, una memoria del olvido. El poeta, al cantar desde su más íntimo fondo el olvido, acaso crea así un recuerdo. Extraordinaria sutileza y delgadez de la poesía de Cernuda, perfectamente visible en este tema, en esta serie de transmutaciones espirituales en que las formas de la vida van siendo, a fuerza de depuración poética, trasuntos de sombras, recuerdos de olvidos. Creación allí donde el mismo poeta había afirmado la nada, donde nada parecía existir. Y esta creación en lo inexistente es la más pura y peculiar labor de la inteligencia poética. Y así, en las breves palabras preliminares de *Donde habite el olvido,* escribe: «Las siguientes páginas son el recuerdo de un olvido.»

No tenemos espacio para examinar algunos otros de los ingredientes de esta poesía que podrían contribuir a confirmar la impresión de potencia desmaterializante, espirituadora, sin par en nuestra lírica de hoy, de la lírica de Cernuda. Por ejemplo, el tema del aire, que aparece a lo largo del libro como una de las invisibles realidades del mundo.

La realización en verso y palabra de esa concepción poética es exactamente fiel a su cometido. Los versos de Cernuda tienen las mismas cualidades delicadas, finísimas, de su concepción y sus ideas. Igual en la época primera, en las formas regulares de la *Elegía* y de la *Egloga,* bellas versiones modernas de lo clásico, que en los libros finales de verso libre y de mucha más amplitud de aliento, hay una elegancia de sonido, una sutileza de dicción poética de la más pura calidad becqueriana:

> Como leve sonido,
> hoja que roza un vidrio.

> *(Como leve sonido)*

El impulso poético, tan profundo y atormentado en esta poesía, se expresa, a través de las palabras de Cernuda, sin violentarlas, sin retorcerlas, sin la más mínima gesticulación trágica, con esbeltez y tersura constantes. Y el ímpetu del numen no encuentra ante sí resistencias con quienes lucha y que rompe con estrépito, sino más bien abandonos flexibles, sesgados escapes que recuerdan lo que el mismo poeta dice sobre el viento en el bosque:

> Ninguna flor deshoja,
> Sino ligera, lánguida, resiste
> Con airoso desmayo.

> *(Egloga)*

De languidez y desmayo hay mucho en esta poesía, muchísimo de ligereza y aire, pero sobre todo de resistencia,

resistencia de flor que aguanta airosamente, por gracia de su misma debilidad, los embates del hastío y de la soledad, de la desesperación y del olvido.

Se viene señalando en la nueva poesía española un predominio del acento romántico. *La realidad y el deseo* es, a nuestro juicio, la depuración más perfecta, el cernido más fino, el último posible grado de reducción a su pura esencia del lirismo romántico español.

Mayo 1936.

Indice

I

CUATRO ESTUDIOS SOBRE TEMAS GENERALES
DE LA LITERATURA DEL SIGLO XX

II

III